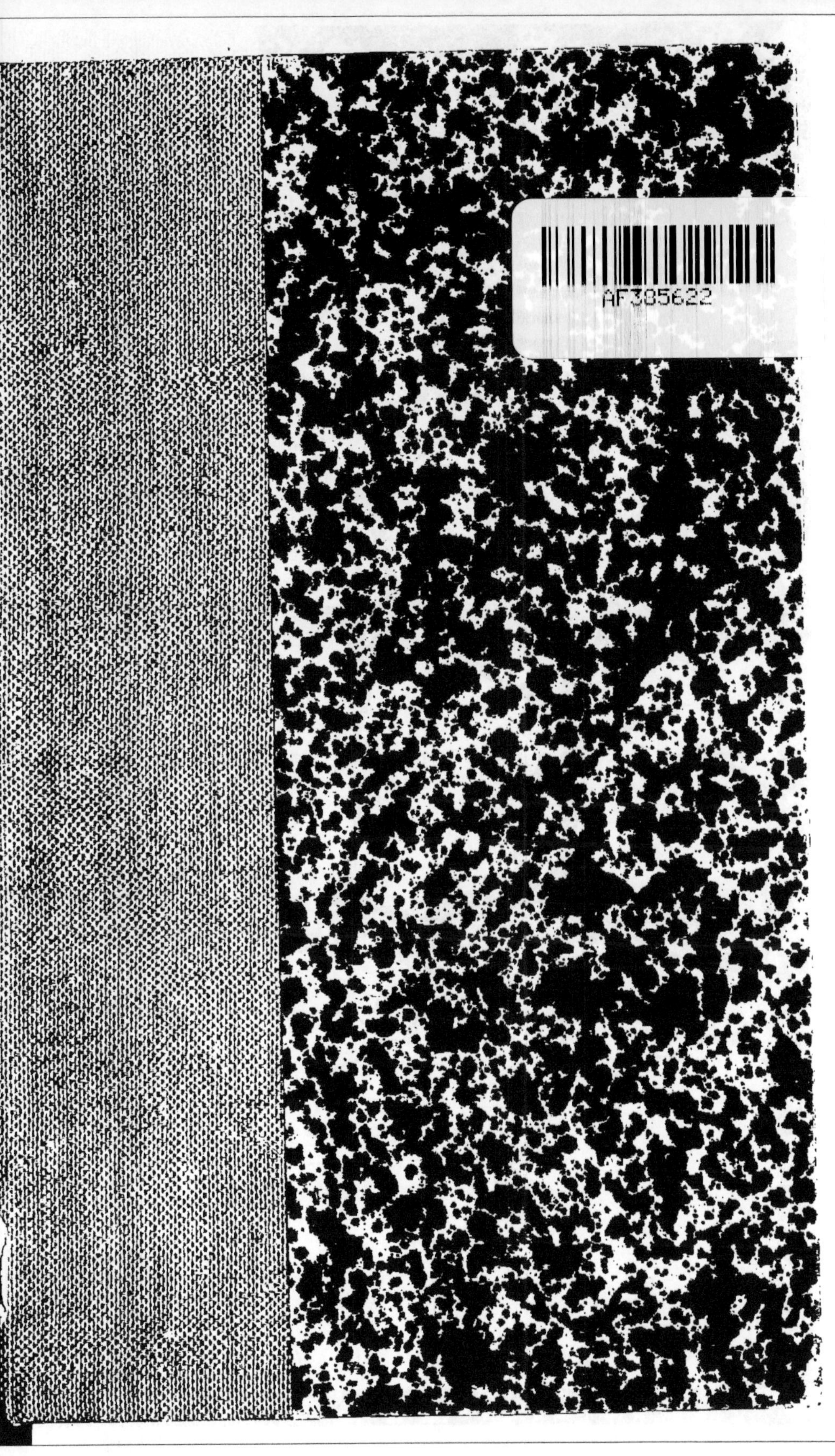
AF385622

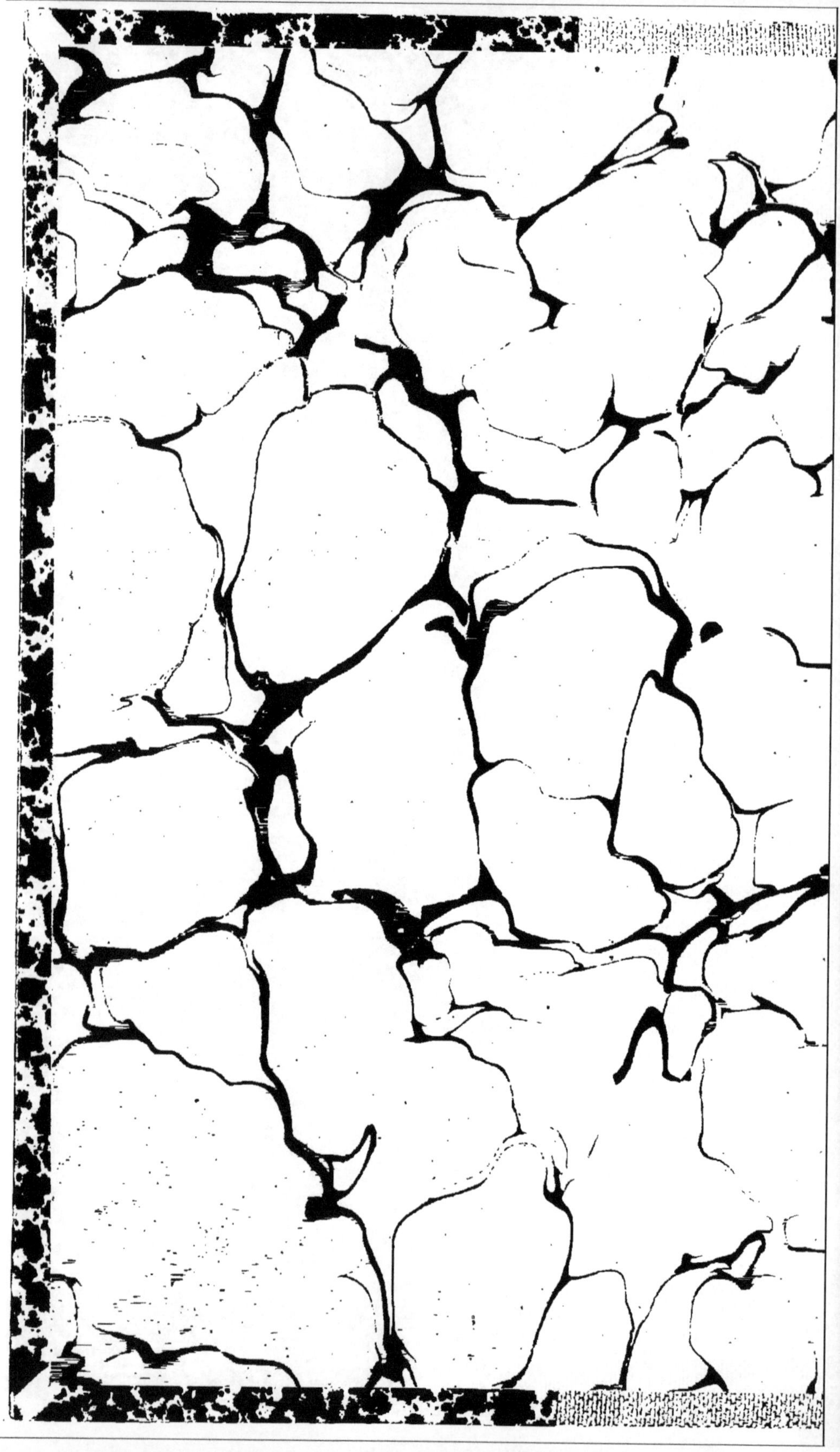

LES

ROIS CATHOLIQUES

OU

L'ESPAGNE SOUS FERDINAND ET ISABELLE

(1474-1515)

PAR

A^{TE} CARON ET L. A. SORLIN

PARIS

DESLOGES, ÉDITEUR,

Rue Croix-des-Petits-Champs, 4.

1860

LES

ROIS CATHOLIQUES.

LES
ROIS CATHOLIQUES

ou

L'ESPAGNE SOUS FERDINAND ET ISABELLE

(1474-1515)

PAR

L. A. SORLIN et Ate CARON

PARIS

DESLOGES, ÉDITEUR,

Rue Croix-des-Petits-Champs, 4.

1860

AVANT-PROPOS.

—

Aujourd'hui tout livre honnête a besoin
de justification.

Jamais plus qu'aujourd'hui, les tendances de la littérature n'ont été démoralisatrices. A quelques rares exceptions près, l'histoire est écrite sans bonne foi. Des historiens de parti pris cherchent des arguments dans les convulsions des peuples, impressionnent et ameutent l'opinion par le récit drama-

1

tisé des souffrances des générations qui nous ont précédés, présentent les faits sous un faux aspect et trouvent dans chaque évènement matière à conclusions tirées avant tout examen (1)

D'autres font involontairement abstraction des milieux, jugent le passé au point de vue des idées nouvelles, et le privent du bénéfice de l'enchaînement.

L'adulation oblige enfin certains autres à incriminer ou à déguiser les faits, que les premiers falsifient par système et que les seconds dénaturent par une hallucination pernicieuse (2).

Lorsque l'histoire est dans cette voie, lors-

(1) *Non curant de modo dummodo rem habeant.*

(2) Nous négligeons la catégorie des écrivains stipendiés.

que le roman émet les paradoxes les plus décevants, farde le mal, poétise la dépravation du cœur et les appétits matériels; lorsqu'elle propage la *mal'aria* du doute et provoque l'éclosion de toutes les aspirations mauvaises; lorsque la généralité des productions tend à invalider tout bon principe et, selon l'expression de M. de Bonald, à faire rejeter comme bagage inutile l'esprit de foi, de soumission et de sacrifice, afin de lui substituer l'esprit de révolte avec son cortége obligé d'égoïsme, on voit, soit indifférence ou bravade folle, l'opinion publique applaudir au lieu de s'alarmer. Vraiment on est tenté de croire que, dans cette société étrange, le corps vit seul et que l'âme est tombée en léthargie.

En écrivant ce livre, nous n'espérons pas

vaincre le mal (le talent de ceux qui font le mal est plus grand que le nôtre), mais nous voulons être comptés au nombre de ceux qui le battent en brèche dans la mesure de leurs forces intellectuelles et avec toute l'énergie de leurs cœurs; qui cherchent à sortir des sentiers malsains les égarés, à détacher les imprudents pris à la glu du paradoxe; qui confessent leur foi et proclament hautement que « là où la religion fleurit, là où règne Dieu : là seulement est la vie. »

En nous associant à ceux qui se sont donné cette mission, nous regrettons de n'avoir pas plus de talent à mettre à leur service.

Mais que chacun apporte son effort a dit A. Nettement : faible ou puissant, il sera accepté; Dieu, qui ne demande pas à l'homme au-delà de ce qu'il lui a donné, bénira la bonne volonté de ceux à qui il n'a pas accordé la puissance : c'est ainsi que, lorsqu'on bâtit une église dans un hameau de la Bretagne, tous concourent à l'œuvre; les riches apportent leur argent, les pauvres leur travail; tel équarrit une solive, tel voiture un morceau de granit, les plus vigoureux dressent la charpente et construisent les piliers, et puis on voit une pauvre veuve, revenant le soir de sa laborieuse journée, rapporter dans un panier quelques cailloux, suivie de son enfant qui vient offrir pour tribut un peu de sable ramassé sur la grève, et l'église s'élève, sortant de cet effort unanime.

Que notre livre soit le caillou de la veuve, la pelletée de sable de l'enfant.

Les Rois catholiques. — État politique et religieux de l'Espagne.

(1474-1515.)

I.

Raconter une époque, un homme, sans attaquer un ensemble.

Interpréter les grands évènements, en apprécier les suites et les enchaînements, et, par l'observation du passé, arriver à prévoir l'avenir.

Telles sont les deux méthodes qui sollicitent le choix de l'historien.

En ce temps de doctrines décourageantes, toutes les solutions de la philosophie de l'histoire sont remises en question. Avec une mauvaise foi insigne, sous prétexte que les interprétations données aux grands événements des siècles derniers, aboutissent à la glorification de la force (comme si la force ne pouvait être l'auxiliaire du droit), à l'apothéose de l'unité monarchique contre les libertés nationales, et au triomphe du catholicisme sur tous les autres cultes ; des intelligences dévoyées s'inscrivent en faux contre des conclusions forcées, répudient la loi à laquelle l'humanité acquiesce librement : « L'homme s'agite et Dieu le mène, » et prétendent que l'histoire doit ne comporter que la narration pure et simple des faits, que tout commentaire est pernicieux.

A ces intelligences-là, a dit C. Guéroult, les

annales des peuples n'offrent qu'une accumu-
lation de faits particuliers, isolés, sans liens,
qu'une longue procession de figures peu variées,
défilant sur deux lignes : les tyrans d'un côté,
les victimes de l'autre.

Ceux qui parlent ainsi se disent des hommes
de liberté, et ils méconnaissent la cause de la
liberté.

Où arriveraient-ils avec leurs négations, leurs
désenchantements, leur amertume, leur déses-
pérance? S'ils réussissaient à démontrer ce qu'ils
appellent la vérité, cette démonstration ne serait-
elle pas le recul de la civilisation, l'anathémati-
sation du progrès, le retour à la fatalité an-
tique?

La philosophie de l'histoire est, comme l'a
proclamé l'économiste dont nous nous inspi-
rons en écrivant ces lignes, la portion la plus

précieuse et la moins contestable de l'héritage de notre siècle.

Si les souffrances de nos pères ne peuvent être expliquées et justifiées comme la préparation du bonheur de l'humanité dans l'avenir, il ne nous reste, comme à César, qu'à nous envelopper la tête de notre manteau. « Le christianisme a fait de l'espérance une vertu (1), c'est celle, peut-être, qui contient toutes les autres, car elle permet d'en appeler indéfiniment du passé à l'avenir ; c'est elle qui féconde la victoire et qui console de la défaite. Ne laissons donc pas entamer en nous cette dernière forteresse, et lorsque les sceptiques jettent le cri de : Sauve qui peut ! croyons et espérons. »

(1) C. Guéroult.

II.

Il convient au moment où Ferdinand et Isabelle vont monter sur le trône, d'esquisser la
situation de l'Espagne, de montrer de quels périls sont entourées les deux jeunes royautés,
d'énumérer les obstacles qu'elles auront à sur-
monter, de préciser, enfin, le milieu dans lequel
le nouveau règne va s'ouvrir.

L'Espagne est divisée en cinq royaumes bien distincts, ayant chacun un roi particulier ; royaume de Castille, royaume d'Aragon, royaume de Navarre, royaume de Portugal, royaume de Grenade. Cinq rois, cinq antagonistes.

Dans chaque royaume dix grands seigneurs, dix rois de second ordre qui, du jour au lendemain, se révoltent contre leur souverain reconnu en invoquant le secours d'un roi voisin, toujours heureux de fomenter les dissensions et d'affaiblir un adversaire, sauf à voir ce dernier lui rendre un pareil office lorsque ses propres seigneurs, mécontents, entreront à leur tour en rebellion.

Ces seigneurs ont plus d'un point d'analogie avec les grands vassaux de Philippe-Auguste, *qui tenaient humblement un côté de la couronne sur la tête du roi, en signe de la soumission qu'ils lui devaient,* dangereux support pour la couronne, qu'ils ont essayé plus souvent de faire pencher que de soutenir (1).

Si Hugues Capet ne dit un jour à l'un de ses grands vassaux : Qui t'a fait comte? que pour recevoir cette fière réponse : Qui t'a fait roi? les rois d'Aragon ne parvinrent jamais à faire modifier la formule du serment d'obéissance des seigneurs aragonnais :

« Nous qui, séparément, sommes autant que vous, et qui, réunis, pouvons davantage, nous vous nommons roi à condition que vous garderez nos privilèges, sinon, non. »

Les seigneurs levaient l'impôt sur les voyageurs, contrefaisaient les ordonnances royales,

(1) De Barante.

s'abattaient à l'improviste, comme des oiseaux de proie, sur les châteaux, les tours et les villes, peu soucieux des réclamations portées par les spoliés aux pieds du trône impuissant.

Les bandits infestaient les provinces, défiant la répression. Les Juifs, autres bandits en guerre réglée avec les populations chrétiennes, non contents de les appauvrir et de les dépouiller par l'usure, s'étaient fait charger de la perception des impôts.

Quels impitoyables percepteurs devaient être ces frères aînés de Shylock !

Haïs comme lèpre financière, en horreur pour les pratiques sanglantes qu'on leur prêtait dans le peuple, ils étaient incessamment matière à troubles dans les bourgs, les villes et les faubourgs.

Les Maures concentrés dans le royaume de Grenade, adossés à la mer, n'occupaient guère qu'un territoire de soixante-quinze lieues de long sur vingt de large en moyenne ; mais en hostilité permanente avec les royaumes avoisinants, ne concluant de trêves que pour les violer, ils poussaient des pointes dévastatrices de toutes parts, brûlant les fermes, les moissons, enlevant les bestiaux, asservissant les chrétiens.

D'ailleurs, possédé par les Maures, ce beau royaume de Grenade, aux côtes si riches, aux horizons si splendides, aux plaines fleuries, aux côteaux vêtus d'orangers, faisait tache sur la carte de la Péninsule catholique.

III

En présence d'un tel état de choses, avec des
éléments si hétérogènes, tant de tyrannies locales, provinciales, paroissiales, tant de petites na-
tionalités, de rivalités, d'hostilités, et avec un dé-
nuement complet des finances, on se demande
comment en moins de trente ars, le travail ardu
de l'assimilation a pu être accompli, comment la

2

grande œuvre de l'unité espagnole a pu être conduite et menée à bien? L'histoire répond par deux noms : Ferdinand! Isabelle!

Il semble qu'on ait eu la prévision de la splendeur de ce règne et de ses résultats grandioses. Que n'ont pas fait les rois étrangers, les rois et seigneurs de la Péninsule pour empêcher l'union d'Isabelle et de Ferdinand?

Après don Pedro Giron, grand maître de Calatrava, don Alphonse de Portugal est suscité prétendant à la main d'Isabelle; puis entre en ligne Richard, duc de Glocester, frère d'Édouard IV, puis le duc de Guyenne, frère de Louis XI. Tous sont éconduits, et menaces, sollicitations, influences de toutes sortes viennent échouer devant la volonté de la jeune princesse à qui Dieu a, sans doute, fait entrevoir sa mission.

Les noms de Ferdinand et d'Isabelle sont enveloppés dans le même prestige ; de l'association de ces deux intelligences et de ces deux cœurs va naître la nation qui bientôt pourra dire : « le soleil ne se couche pas dans mes domaines ; » et dans cette collaboration puissante et créatrice, chacun a apporté la même part. Les Castillans avaient raison de confondre *Los Reyes* dans la même admiration et dans le même amour.

Dès l'adolescence, Ferdinand se conduit en grand politique : il sait juger la situation, s'arrêter au parti à prendre, et comme on a dit de Philippe-Auguste (1) « adopter un système de conduite général, ne l'exécuter que progressivement, en mesurant à chaque journée sa tâche, en bâtissant comme un habile architecte, toujours sur

(1) Nettement.

le même plan, mais sans avoir la prétention de bâtir en un jour un édifice qui demande de longs labeurs. *Le temps et moi*, cette devise des grands politiques était aussi la sienne. »

Isabelle joint la modération (1) à la **vigueur**, elle veut faire aimer sa puissance après l'avoir fait sentir, pleine de maturité dans le conseil, elle

(1) « Les rois cléments furent toujours sévères justiciers. Antonin, Trajan, Marc-Aurèle, Louis XII et Henri IV exécutèrent les lois pénales avec une austère équité. Leur justice assurait la paix civile aux citoyens, leur clémence assurait à l'État la paix politique. Les grâces du trône ne doivent être réservées qu'aux actions fatalement commises, *aux actes que le législateur frappe, mais que la religion, les mœurs ou les préjugés nationaux absolvent.* Saint Louis ayant accordé, durant sa prière, la grâce d'un assassin, déclara ensuite que cet homme était coupable envers ses sujets et que l'autorité souveraine ne pouvait le soustraire au supplice. Ainsi le roi sage rétracta le pardon qu'avait accordé le chrétien débonnaire. » (**B. Pagès.**)

aura plus de persévérance encore que son habile auxiliaire. Comme lui, elle accordera par générosité et bienveillance ce qu'elle refusera à la menace (1), et elle cherchera à concilier plutôt qu'à réduire, mais elle acceptera les luttes avec une immuable détermination, les dénouera toujours par la victoire, et ceux qui la forceront à tirer l'épée, ne la verront pas rentrer dans le fourreau avant leur soumission complète.

Ferdinand et Isabelle ont (2), outre le mérite de réussir dans la guerre et d'être prévoyants et justes dans la paix, l'intelligence parfaite de l'époque où ils vivent et de ce qu'ils sont appelés à y faire.

Par dessus tout, l'un et l'autre ont la foi.

(1) Nettement.

(2) Comme Buchez l'a dit de Charlemagne.

IV

Les philosophes de la démocratie affirment que le catholicisme s'est toujours montré hostile· au progrès, à la civilisation moderne, qu'il n'a pas cessé de représenter le moyen âge, qu'il sert encore d'appui et comme de ciment aux pierres du vieil édifice féodal. Si tôt, a écrit M. Quinet, que la foi catholique fût armée et maîtresse, elle se proposa de se débarrasser de la vieille religion païenne, elle ne se borna pas à prêcher, à instruire, à catéchiser, à convertir, elle profita de l'occasion dès que l'occasion lui fut offerte pour réduire le paganisme à l'incapacité de nuire. Elle fit décréter la fermeture des temples, leur démolition. En extirpant les édifices, elle savait extirper les éléments même de la superstition. « Que tous les temples, s'il en reste encore d'entiers, porte le décret de Théodose II (*si quà etiam nunc restant integra*) soient détruits et purifiés par la Croix.

Pour Constantin comme pour ses successeurs, ajoute M. Quinet, le catholicisme fut une arme, un instrument de domination. »

Nous admettons que la croyance en un Dieu unique correspondît mieux que le paganisme à la forme unitaire de l'empire romain, mais, ainsi que l'ont avoué les disciples même de l'historien cité par nous, les premiers empereurs chrétiens ne pouvaient comprendre les avantages que produirait pour le pouvoir son alliance avec une église qui venait partager l'autorité en établissant une séparation jusqu'alors inconnue entre le spirituel et le temporel.

Les Césars qui soutinrent l'Église eurent-ils plus de force que ceux qui la persécutèrent? L'autorité de Constantin fut-elle mieux assise que celle de Titus ou Julien l'apostat (1)?

Non, Constantin n'avait pas découvert l'Église par le côté politique, mais la foi chrétienne avait fait sa trouée; après quatre siècles d'épreuves, l'Église se montrait constituée, influente; l'em-

(1) Fauvety.

pire disposait des bras, l'Eglise disposait des cœurs, il fallait bien que les empereurs comptassent avec elle.

Tertullien, ce Bossuet africain, comme Châteaubriand l'appelle, n'avait-il pas écrit à Septime Sévère : « Nous ne sommes que d'hier et nous remplissons vos cités, vos colonies, l'armée, le Palais, le Sénat, le forum, nous ne vous laissons que vos temples. »

Puis, le paganisme pouvait-il être plus discrédité, plus déconsidéré ?

Depuis César, la plupart des empereurs allaient grossir le nombre des divinités ; chacun d'eux à son avénement à l'empire, envoyait par décret du Sénat son prédécesseur siéger dans l'Olympe et orner le capitole, c'était une sorte de dette dont il s'acquittait et que son successeur devait lui payer à son tour (1).

Néron n'avait-il pas mis au rang des dieux Poppée, sa maîtresse ; Adrien, son mignon, Antinoüs ; Marc-Aurèle, Faustine l'adultère ? Caligula n'avait-il pas nommé son cheval Pontife ?

Le moindre proconsul de la Grèce et de l'Asie n'exigeait-il pas qu'on lui érigeât des temples, et chaque ville ne lui faisait-elle pas la réponse que fit jadis Lacédémone à Alexandre : « Puisque tu veux être dieu, sois-le ? »

Vespasien ne se moquait-il pas de cette manie de déification lorsque se sentant mourir il s'écriait : *Il me semble que je deviens Dieu.*

Les peuples ne s'apercevaient de la divinité de

(1) Gary.

tous ces dieux qu'aux maux qu'ils en recevaient (1).

Le mépris universel faisait justice d'un culte tellement avili, les peuples riaient tout bas de ses déesses Messaline et Drusilla, de ses dieux : Héliogabale l'*impudique* et Claude l'*imbécile*.

En face de cette religion décrépite et infâme surgissait le christianisme avec sa morale sublime dont le code était ramené à deux préceptes : l'amour de Dieu et l'amour des hommes (2).

Proscrivant la sensualité, l'amour des richesses, annonçant au-delà de la tombe une vie plus importante, par sa durée éternelle, que toutes les félicités de la terre, le christianisme se con-

(1) Gary.

(2) De Gerando.

ciliait tous ceux qui avaient conservé le sentiment de la dignité humaine. Aussi, la foi en
Jésus-Christ était-elle embrassée par une multitude qui n'était étrangère ni à l'instruction ni
à l'opulence (1).

Déjà, sous Trajan, des personnes de tout
âge et de tout état se réunissaient aux pieds
de la Croix, a dit Pline, *multi omnis ætatis,
omnis ordinis, utriusque sexus.* Des hommes
consulaires, des sénateurs, des matrones de
la plus haute naissance se vouaient au nouveau culte.

Ce n'est donc pas à la politique intéressée des
Césars de la décadence que l'Église a dû son triomphe, c'est à la valeur, à la beauté de ses doctrines,

(1) Benjamin Constant.

à l'éloquence convaincue de ses apôtres, au dévouement de ses martyrs.

Durant tout le cours du moyen âge la guerre et la force ont joué sans doute un grand rôle, mais dans le travail de fusion qui s'est accompli, pouvait-il en être autrement? Jamais l'humanité n'avait été aussi barbare, aussi arriérée, le catholicisme dut ne pas se borner à être une religion, il fut *société*. A côté de la croyance catholique, il y eut l'association catholique ; et dans le milieu dépourvu de lumière où s'est mû tout le moyen âge, l'association assura seule l'existence de la foi.

Lorsque Ferdinand et Isabelle montèrent les degrés du trône, le seuil de l'ère moderne était à peine franchi. Toutes les idées du moyen âge étaient vivaces, on reconnaissait le droit de la force et non la force du droit. Il était dans les traditions comme dans les mœurs d'imposer sa foi au vaincu. La croyance collective était pratiquée, l'individualité de la conscience lettre-morte, le combat représentait le jugement de Dieu, la victoire sa volonté (1).

Quelque admirable que fut leur génie, Ferdinand et Isabelle, ne purent pas rompre ouvertement en visière avec les idées de leur siècle (2).

(1) Fauvety.

(2) « En fait de mœurs, a dit Bacon, toute innovation trop brusque est dangereuse ; le temps est le grand innovateur ; voyez avec quelle lenteur il procède. Tout ce qui est consacré par un long usage, sans être bon, convenait au temps où il fut établi. »

« Avant d'entrer dans un chemin nouveau, dit l'Ecriture, arrêtons-nous quelques moments sur l'ancienne

Chez eux la tolérance eût été hérésie.

Ils ont persécuté les Juifs et les infidèles, mais par là même n'ont-ils pas préservé leur patrie des horreurs des guerres civiles religieuses?

Les philosophes de la démocratie, les préconiseurs du protestantisme sont mal venus à reprocher aux rois catholiques l'expulsion des Maures et des Juifs; comment donc, au XVIe siècle, Henri VIII et Calvin agirent-ils à l'égard de leurs adversaires?

C'est dans ce bannissement qu'éclata la foi de Ferdinand et d'Isabelle.

C'est à tort que l'on a considéré l'expulsion

route, et assurons-nous que celle qu'on nous indique est meilleure, plus sûre et plus directe. »

des Juifs et des Maures comme aussi préjudiciable à l'Espagne que le fut plus tard l'édit de Nantes à la France.

Ferdinand, le grand roi, le politique si habile qu'il eût le malheur d'être admiré par Machiavel, pesa toutes les conséquences de l'ordonnance qu'il allait rendre. La voix de l'intérêt se taisait d'ailleurs en lui, quand parlait la voix de ses croyances. Puis, cet arrêt taxé de cruauté, de stupidité barbare ne fut, selon nous, au fond, qu'un acte d'humanité. En temps et lieu nous le prouverons.

Les idées des rois catholiques étaient celles de leurs peuples ; ils étaient le sommet de l'arbre dont le peuple était la tige ; et durant les premières années de leur règne, le formalisme religieux tint aux Castillans et aux Aragonnais lieu de patriotisme.

Isabelle et Ferdinand comprenaient que là où n'existe pas la foi en un seul Dieu, manque la base fondamentale des lois (1), la source de tous les devoirs; que la paix est impossible là où diverses sectes developpent leurs étendards; que le peuple qui a diverses croyances finira par n'en avoir aucune, et que l'autorité divine est le seul frein du cœur humain (2).

(1) Don José Güell y Renté.

(2) « Que l'on ne s'étonne pas du rôle immense que l'on attribue à la religion. C'est celui qui lui a toujours appartenu dans les grandes rénovations sociales, au début de toutes les grandes civilisations dont fait mention l'histoire, et c'est un fait qu'il serait ici absurde de nier. A l'époque dont nous nous occupons, la grande préoccupation en Espagne était la religion. Il y a eu des historiens qui ont cru devoir ne tenir aucun compte de ce fait; mais ceux-là

Jamais, pour Ferdinand et Isabelle, la religion ne fut un levier politique, mais ils croyaient à l'intervention de Dieu dans les affaires humaines, et cette croyance, qui dirigea toutes leurs actions, a fait de leur règne splendide un sujet digne de l'épopée

ont écrit une histoire morte, inintelligible, et, qui pis est, une histoire fausse. »   (J.-B. Buchez.)

La Royauté et la Noblesse.

Isabelle et Ferdinand montent sur le trône
contre tous les calculs probables de succes-
sion.

Tandis que Henri IV dégrade la royauté, et
laisse, dit l'historien Lafuente, l'audace des
partis, le débordement des passions arriver au
plus haut degré ; tandis que les châteaux des

grands se convertissent en cavernes, que les voyageurs sont dépouillés sur les routes, et que le fruit des rapines se vend impunément sur les places publiques des villes, dona Isabelle vit retirée aux côtés de sa mère.

Il est à remarquer que lorsqu'une nation tombe dans les situations extrêmes où il ne lui reste que l'alternative d'une domination étrangère ou d'une dissolution intérieure du corps social, que le prince appelé à la sauver de la ruine, à lui infuser une vitalité nouvelle, a presque toujours été élevé sous les yeux de sa mère, et a presque toujours eu une jeunesse pleine d'épreuves. Qu'on ne crie pas à la puérilité, l'histoire est là.

Isabelle voit don Alphonse, son frère, proclamé roi au milieu de la lutte de ses partisans et des partisans du roi Henri. Elle suit à Ségovie don Alphonse dont bientôt elle pleurera la mort au couvent d'Avila. C'est là que le cardinal de Tolède va lui offrir la couronne de son frère. Henri appréciant la noblesse de son refus, la reconnait princesse des Asturies et héritière présomptive du trône.

Don Juan, roi d'Aragon, entrevoit toutes les conséquences heureuses d'une alliance entre elle et son fils Ferdinand. Il intéresse l'archevèque de Tolède à son projet et, pour aider à la réussite, déclare solennellement don Ferdinand, roi de Sicile et associé au trône d'Aragon.

Isabelle comprend que la réunion des royaumes d'Aragon, de Valence, de Catalogne, de Sicile, de Sardaigne, de Biscaye, et de Murcie à

ceux de Castille, des Asturies, de Léon , de Ga-
lice et d'Andalousie constituerait une monarchie
formidable, et que tout autre mariage donnerait
naissance à des troubles et à des guerres sans fin.
Et, comme en dehors même des considérations politiques, ses sympathies sont toutes pour Ferdinand qu'elle a mandé près d'elle en secret, elle
l'épouse avec éclat à Valladolid.

Don Henri qui avait l'intention de marier la
princesse au roi de Portugal, veut punir cet acte
d'indépendance, et institue héritière Jeanne, sa
fille, dont la légitimité est plus que contestable.
Mais Isabelle en appelle à ses partisans, et lorsque Henri meurt, en 1474, elle est solennellement proclamée reine de Castille et de Léon à
Ségovie.

Les grands de Castille ayant dénié à Ferdinand
tout droit d'intervention dans les affaires de

l'État, celui-ci se crut attaqué dans sa dignité ; il allait se retirer en Aragon, lorsque les prières d'Isabelle qui, en public, l'appelait son seigneur et maître, firent taire ses susceptibilités. « Seigneur, lui dit-elle, il n'est pas besoin d'élever de débat, car avec la sympathie qu'il a plu à Dieu de nous inspirer l'un pour l'autre, aucune querelle ne peut avoir lieu entre nous. Quelle que soit la décision rendue, comme mon mari vous êtes roi de Castille, et ce royaume, après nous, passe à nos fils ; mais puisque la question a été soulevée, il est bon que tout doute soit éclairci ; Dieu jusqu'ici ne nous ayant accordé qu'une fille, si le droit des femmes à régner en Castille n'était pas bien établi, un prince étranger, en se mariant avec l'infante, pourrait un jour s'approprier la couronne. Or, il est bon d'avoir prévenu ce danger. »

Des sujets plus dignes préoccupèrent bientôt ces deux grands cœurs ; la guerre civile était imminente ; Ferdinand, à la tête de ses troupes, réduisit les rebelles. Puis, le roi de Portugal qui avait épousé Jeanne, la fille prétendue de Henri IV, ayant revendiqué la couronne de Castille, Ferdinand alla anéantir ses prétentions sur le champ de bataille de Toro.

L'honneur ne revint pas à Ferdinand seul ; Isabelle avait dirigé en personne la guerre sur la frontière, s'était portée aux premières lignes, faisant preuve d'une ardeur chevaleresque, et avait lancé ses troupes au pas de la victoire.

« Est-ce à moi, disait-elle lorsqu'on lui reprochait d'exposer sa vie, est-ce à moi de calculer les périls, lorsque tant de braves gens ne les calculent pas pour me servir. »

C'est quelque temps avant la décisive bataille de Toro, qu'elle avait fait faire au roi de Portugal, enorgueilli de quelques avantages remportés par ses soldats, et qui exigeait une cession de territoire et les frais de la guerre, cette mémorable réponse :

« Quelle que soit notre détresse, nous sommes prêts, mon mari et moi, à remettre aux mains de Dieu tous les royaumes que nous avons reçus, plutôt que d'en aliéner la moindre parcelle. Nous consentons à donner l'argent, mais nous ne céderons pas un pouce de terrain. »

Le roi de Portugal vaincu, Ferdinand et Isabelle appliquent tous leurs soins à la pacification de leurs royaumes; les malfaiteurs sont châtiés, nombre de forteresses rasées, les bandits arrêtés, les procès instruits et les condamnations exécutées, malgré les offres faites par les coupables de se racheter à prix d'or.

Bien que leur trésor royal soit mince et que les sommes offertes soient considérables, Isabelle se montre inflexible ; tolérer les crimes pour de l'argent, c'est donner la permission de les commettre.

Les seigneurs font de terribles menaces aux ministres du roi, ceux-ci n'en tiennent aucun compte. La sainte Hermandad est instituée et des commissaires parcourent les provinces pour écouter les plaintes du peuple.

Les grands écrivent alors directement au roi, que si le devoir des nobles est de servir fidèlement leurs souverains, c'est aussi le propre des souverains d'user de clémence à l'égard de ceux qui reconnaissent leurs fautes et leurs égarements. Ils demandent le rappel des derniers décrets, l'abolition de la Confédération récemment établie, et réclament leur immixtion dans les affaires.

Les rois Ferdinand et Isabelle qui ne veulent pas être esclaves des grands, comme le roi don Henry l'avait été, mais qui prétendent agir en maîtres, font une réponse tellement fière qu'elle contient les seigneurs et les empêche d'exciter le moindre trouble (1).

Ferdinand accomplit ainsi sa parole donnée aux peuples que les seigneurs tenaient sous la terreur de l'oppression. « Je les rendrai si petits, avait-il dit, qu'ils ne pourront plus vous faire du mal. »

Et les peuples applaudissaient à l'énergie de

(1) Ferreras.

leurs souverains, aux réformes introdüites dans l'administration de la justice, à la codification des lois, à l'institution de la sainte Hermandad qui, non-seulement, poursuivait les malfaiteurs sur les routes et dans les campagnes, mais qui était toujours sur pied en cas d'émeutes ou de guerres intestines.

Les grands qui criaient à la confiscation de leurs libertés et de leurs privilèges ont trouvé, de nos jours, des écrivains pour défendre un thême absurde, les poser en martyrs de la liberté, et affirmer que les institutions qui écrasaient les seigneurs étaient insupportables aux peuples.

Si le peuple (1) a aimé ses rois, et surtout parmi ceux-là ceux qui ont été appelés grands

(1) A. Guéroult.

despotes, c'est qu'ils avaient à ses yeux le mérite de les débarrasser des petits. Les tyrannies locales, provinciales, paroissiales touchent les masses populaires tous les jours et par tous les côtés, tandis qu'elles s'aperçoivent à peine de l'existence d'un grand despote qui siége à quelques cents lieues de leur village. La prépondérance de l'autorité royale rendait le service de mettre fin aux guerres incessantes des seigneurs : au lieu de cent maîtres on n'en avait plus qu'un. Voilà pourquoi, tandis que la noblesse était détestée, l'ancienne royauté était populaire.

Ce que le vrai peuple demande aux rois, c'est d'être de vrais rois.

Maintenir les grands dans l'obéissance, fut le problème le plus difficile que résolurent les rois catholiques. Ces seigneurs, qui, depuis plusieurs siècles, n'avaient point à redouter la répression, ne courbèrent pas volontiers la tête, Ferdinand aura à peine fermé les yeux que Charles **V** devra éteindre dans le sang la révolte de la noblesse de Tolède, mais le peuple verra sans émotion tomber la tête des rebelles. Padilla écrira à To- lède, sa ville natale : « A toi, Tolède, à toi qui as versé ton sang pour assurer ta liberté et celle des cités voisines, ton fils, Juan de Padilla, te fait savoir que par le sang de son corps, tes anciennes victoires vont être rafraîchies. » Mais cet emphatique adieu trouvera la masse indiffé- rente, et nul n'applaudira le gladiateur qui se drape en tombant.

Le bien-être et la tranquillité que la fermeté de Ferdinand avait assurés à ses peuples, leur avaient fait comprendre que la cause des grands et la leur étaient loin d'être communes. Et, en somme, si les moyens que Ferdinand employa pour arriver à ses fins furent terribles et draconniens, il fallait bien qu'il les proportionnât à l'énergie de ses adversaires. Puis, le rêve incessamment caressé des rois catholiques n'était-il pas le dernier acte de la *reconquista*, l'anéantissement du royaume de Grenade, c'est-à-dire l'affranchissement de l'Espagne ? Pour traduire ce glorieux rêve en réalité, la première condition à remplir étant la consolidation de la paix intérieure, ils étaient forcés d'aller vite.

Les Morisques.

Examinons la situation du royaume de Grenade au moment où les Morisques, en s'empa-
rant de Zahara, ville fortifiée, entre Arunda et
Medina Sidonia, enlevée jadis aux Maures par
l'aïeul de Ferdinand, fournirent à Isabelle une
occasion impatiemment attendue.

Le royaume de Grenade n'occupait guère,

nous l'avons dit, qu'une superficie de quinze cents lieues carrées, mais il regorgeait d'habitants et il fallait la prodigieuse fertilité de ses campagnes pour nourrir une aussi grande multitude (1).

Tandis que dans le reste de la Péninsule les intérêts agricoles étaient sacrifiés, les Maures tiraient de la terre les produits les plus abondants et les plus variés. Ils savaient utiliser les eaux courantes par l'irrigation, ils savaient se débarrasser des eaux stagnantes, ils ont été les véritables inventeurs du drainage.

Ils ont possédé les premiers la science de l'amendement, les premiers ils ont compris que l'eau et l'air sont également indispensables à la vie des plantes, et qu'assurer la double circula-

(1) Lafuente.

tion de ces fluides, c'est assainir d'une manière permanente la couche arable.

Ils ont été les importateurs, en Espagne, de la culture du sucre, du coton, de la soie et du riz; la Péninsule leur a dû l'acclimatation de la grenade, de l'orange, de la figue.

Si l'Espagne, après avoir été l'un des pays les plus avancés dans la production des laines, a l'avantage d'en présenter encore aujourd'hui dont la finesse et l'égalité sont fort appréciées; elle le doit à l'initiative des Morisques qui ne se montrèrent pas inférieurs dans l'industrie séricole.

Les Maures avaient multiplié les moulins à huile, et comme leurs procédés de fabrication ajoutaient à la valeur des produits naturels qui, par eux-mêmes, étaient de première qualité, les marchés du littoral méditerranéen cotaient haut la saveur et le goût fin des huiles grenadines.

Les racines et les plantes colorantes cultivées par les Morisques jouissaient d'une réputation universelle et défiaient toute comparaison avec les produits de même nature, de toute autre provenance. Leurs troupeaux étaient les plus beaux de l'Europe entière; leur horticulture marchait de pair avec l'agriculture.

Leurs pressoirs épandaient de précieux liquides dans les pays les plus lointains. Partout ils avaient construit des chemins, ouvert des canaux, encaissé les rivières et approprié les villes et les ports aux besoins des différentes branches de commerce qu'ils y exerçaient.

L'industrie grenadine était sans rivale pour les draps, les soieries, les tapisseries, le papier, la tannerie, les gazes, la poterie, le travail du bois et la porcelaine.

Les tissus de coton, ces produits si élémentaires au premier aperçu qu'ils semblent le dernier degré de l'échelle des tissus, bien qu'ils soient ceux où le champ des perfectionnements est le plus resserré (1), étaient chez les Maures d'une exécution telle que l'industrie contemporaine atteint à peine à leur degré de perfection.

Leurs broderies pour ameublement offraient les plus éclatants modèles, leur main-d'œuvre était exceptionnelle ; ils savaient, avec une seule couleur sur un tissu léger, combiner les réserves des fonds, et par une ingéniosité incomparable, imiter le feuillage des arbres et des plantes, faire

(1) Prince Jérôme Napoléon.

épanouir les fleurs les plus riches et ouvrir des perspectives gracieuses et saisissantes.

Dans les gazes et les tissus légers, unis ou façonnés, les districts de Glascow et de Manchester ne présentent pas ce qu'au xve siècle fabriquaient les morisques.

Et si les draps de France valent ceux que foulait Grenade, nous devons cette parité aux encouragements prodigués à nos manufactures par Sully, par Colbert, et surtout à l'établissement des grandes expositions, ces puissants stimulants, ces réveils des industries nationales.

Malgré l'essor et les développements de l'industrie des soieries à Londres et à Lyon, c'est à peine si ces grands centres de fabrication offrent l'équivalent des soieries d'Almeria. Encore, n'ont-ils fait que s'approprier le mariage harmonieux des couleurs, les oppositions heureuses et originales, la hardiesse de lignes et de forme qui distinguaient les produits morisques.

Ce n'est pas sans désavantage pour l'industrie moderne que l'œil s'attache sur les productions grenadines qui nous ont été conservées, sur ces somptueux brocarts, ces étoffes frangées d'or et d'argent aux couleurs étincelantes, aux merveilleux reflets, aux teintes vivaces ; sur ces tissus moelleux et soyeux dont la légèreté rappelle l'aile transparente des plus brillants insectes.

Avec la science, par l'étude des agents généraux de la chimie, de leurs combinaisons et de leurs réactions, le fabricant apprend leurs nombreuses applications à la coloration des matières. Il emprunte à la physique la connaissance des théories de la chaleur, de la lumière et de la vapeur dans leurs nombreuses applications à la teinture, et il reçoit du génie de la mécanique les machines pour la filature et le tissage. Et pourtant les tapis de nos châteaux royaux n'ont pas fait oublier les tapis de l'Alhambra !

Les Morisques excellaient encore dans la fabrication du papier de coton, dans l'art de travailler les métaux, dans la gravure, la sellerie, l'orfèvrerie, la fabrication des armes, dans les constructions navales.

Leurs porcelaines, leurs poteries étaient recherchées pour la singularité de leurs formes et la délicatesse des ornements dont elles étaient couvertes.

Lorsque les rois chrétiens embellissaient leurs capitales, les travaux ne s'exécutaient que sur les plans des architectes maures ; et lorsque Louis XI établit le service des postes en France, il ne fit que copier celui qui fonctionnait à Grenade (1).

Il faut bien le reconnaître, comme civilisation, l'Orient avait alors la supériorité sur l'Occident. Mais, cette supériorité ne put assurer la domination des Arabes ; et bien que la croisade héroïque, commencée aux roches de Covadonga et terminée à Grenade, ait duré sept siècles, le résultat en était prévu.

A trois reprises (2), l'Afrique avait en vain lancé ses hordes fanatiques sur l'Espagne ; les Almoravides, les Almohades, les Merinides ne firent que retarder l'issue de la lutte.

La domination arabe eut toujours plus d'éclat

(1) C'est par les Arabes que nous avons connu l'algèbre, l'arithmétique et jusqu'à notre système de numération écrite. Ils cultivaient la littérature et la poésie ; leur science médicale était remarquable.

(2) Bouchot.

que de force. Les kalifats, ébranlés par les efforts des rois chrétiens, étaient minés par l'anarchie, rongés par la corruption !

Il est au fond de la religion musulmane (1) des germes profondément destructeurs et ces germes étaient garants du succès ardemment poursuivi par les fils des vaincus, qui avaient emporté dans les montagnes des Asturies la liberté de leur patrie.

(1) Bouchot.

Conquête du royaume de Grenade.

Ferdinand et Isabelle étaient à Medina del Campo, lorsque leur parvint la nouvelle de la prise de Zahara par le roi Albohucen.

Des courriers sont aussitôt lancés dans toutes les directions. Chaque gouverneur reçoit l'ordre de se préparer à la guerre.

Les Castillans répondent à l'assaut de Zahara

par la surprise d'Alhoma, que Albohucen s'ef—
force en vain de recouvrer.

Isabelle, à la tête de ses troupes, se porte au
secours de la ville menacée et ravage les campagnes de Grenade.

L'élan national est alors magnifique ; le clergé
verse cent mille écus d'or dans les caisses royales;
une grande indulgence est accordée par le pape
à tout volontaire.

« Que ceux qui mourront dans la guerre,
après avoir rempli les commandements de la
sainte Eglise, soient martyrs, et que par leur
martyre leurs âmes soient quittes des péchés
commis. »

Telles sont les allocutions des prêtres aux
combattants.

Et ceux qui ne peuvent pas payer l'impôt du

sang à cette expédition pieuse, payent largement l'impôt de leur fortune.

La discorde règne parmi les musulmans : Boabdil chasse de Grenade le roi son père, à qui Malaga, Busta et Baza restent néanmoins fidèles.

Dès l'abord, les chances sont partagées ; si les chrétiens s'emparent de Cagnères, les Maures gagnent une bataille sous les murs de Malaga. Mais les Castillans prennent leur revanche à Lucena : Boabdil est fait prisonnier et Ferdinand détruit Tagiara de fond en comble.

Isabelle rend, moyennant rançon, la liberté au roi Boabdil. Politique habile ! Rendre la liberté au roi maure, n'est-ce pas entretenir la guerre civile entre son père et lui ?

L'an suivant, en effet, Boabdil et Abohardilles, son oncle, qui tient pour Albohucen, se battent dans Grenade, et Boabdil ne réduit son adversaire qu'avec l'aide de Ferdinand.

Les succès des Castillans sont, dès lors, constants. C'est Malaga qui tombe en leur pouvoir, c'est Baza qui cède à la persévérance d'Isabelle, c'est Almeria qui capitule, et le 22 avril 1491, les rois catholiques viennent mettre le siége devant le dernier boulevard de l'islamisme.

Bâtie en partie sur des collines et en partie dans la plaine, flanquée de bastions, de tours, de citadelles, de fortifications, comptant plus de trente mille maisons et de deux cent mille habitants, Grenade paraît imprenable.

Le découragement est cependant au cœur des Grenadins. Un vieux faquir prédit la ruine de la ville, qu'il parcourt en s'écriant, comme Savonarole à Florence : « Je vous le dis, les Barbares sont arrivés, escortés de la peste et de la famine; il y aura beaucoup de morts ; les fossoyeurs iront par les rues, demandant : « Qui a des morts ? » Et celui-ci apportera son père, celui-là son fils. »

A peine les troupes sont-elles campées sous les murs de Grenade que la reine arrive avec ses enfants. On la voit chaque jour à cheval passer dans les rangs; elle parle aux soldats cette langue de l'honneur si bien entendue des armées castillannes ; elle ordonne la victoire, elle communique l'héroïsme.

Le siége est poussé avec la plus grande vigueur. Quelques tours tombées au pouvoir des Castillans permettent d'établir des batteries qui foudroient les remparts. Les habitants des campagnes, qui se sont retirés dans la ville, commencent à l'affamer, et les Maures sont sur le point d'implorer une capitulation, lorsque l'incendie dévore le camp des chrétiens.

Les assiégés reprennent courage en voyant ce désastre ; mais Isabelle fait, en quatre-vingts jours, élever la ville de Santa-Fé sur l'emplacement du camp détruit, et offre le singulier spectacle d'une ville fortifiée en assiégeant une autre.

Les Grenadins, dont les ressources sont épuisées, font sorties sur sorties, dans l'espérance de voir accepter la bataille par Ferdinand. Celui-ci s'en garde bien, convaincu que la famine les forcera à se rendre à discrétion. Ses prévisions ne sont pas trompées. Après huit mois et demi de siége, après avoir enduré les horreurs de la faim, Boabdil demande à capituler ; Mouza, le héros de Grenade, engage en vain la garnison à une résistance désespérée :

« J'aime mieux, s'écrie-t-il, que la postérité me compte parmi ceux qui auront péri pour défendre leur patrie que parmi ceux qui auront assisté à sa reddition. »

Les souffrances parlent plus haut que la voix de ce fanatique, et ces fiers Grenadins, qui naguère répondaient à la demande d'impôt :

« Les émirs qui payaient l'impôt sont morts depuis longtemps, nous ne fabriquons plus dans Grenade, au lieu de pièces d'or, que des épées et des fers de lances, » implorent la générosité du vainqueur, ouvrent leurs portes, rendent leurs armes et viennent présenter aux rois catholiques les clefs de l'Alhambra : *Stabit fama perpetua, stabit vetus memoria facti.*

Dans toute la péninsule, comme dans toute la

chrétienté, ce n'est que chants d'allégresse et hymnes d'actions de grâce. Le cri de joie poussé par l'armée castillanne à la vue de la croix arborée sur le donjon de l'Alhambra retentit dans l'Europe entière.

Boabdil qui , selon l'expression de sa mère, pleura comme une femme le royaume qu'il n'a su défendre ni en homme ni en roi, se retire à Purchena, dans le royaume de Murcie, en répétant le mot de Gelimer.

Bien que les termes de la capitulation assurent aux vaincus la sécurité pour leurs biens, la liberté du commerce et du culte, la plupart et parmi ceux là les Abencerrages, les Abdilvares, les Aldoradines, refusent de rester à Grenade et vont cacher sur la côte africaine la honte de leur défaite.

C'est avec le deuil dans le cœur qu'ils abandonnent ces plaines toujours fleuries qui les ont vu naître, que leurs sueurs ont fécondées et que leurs aïeux avaient conquises ; c'est avec un sombre désespoir qu'ils s'éloignent de cette terre qui garde les cendres de leurs ancêtres, du foyer qui a éclairé les premiers sourires de leurs enfants. Ils savent qu'en échange de ce sol privilégié la rive africaine ne va leur livrer que ses sables arides ; mais ils ne peuvent croire que les rois catholiques triomphants, qui leur disent : « gardez vos femmes, élevez vos enfants, restez dans vos foyers, conservez votre religion et vos lois, » seront fidèles à leurs promesses.

Avec Mouza, ils se défient de la générosité du vainqueur et redoutent les affronts, l'intolérance et l'oppression.

Ferdinand et Isabelle prennent cependant à tâche de ne nommer aux emplois que des gens vertueux et dignes, capables de respecter le traité solennel de capitulation.

Lopez de Mendoza est appelé à la capitainerie générale ; Fray Hernando de Talavera au siége archiépiscopal de Grenade : ces noms sont garants de l'observance des traités.

Mais entre les chrétiens et les sectateurs de l'islamisme il y a toute impossibilité d'accord. Peuples éternellement séparés par l'antagonisme de principes moraux et politiques, et même des intérêts matériels, ils ne peuvent vivre sur un même sol ; dans le cœur des uns et des autres, il n'y a place que pour une haine mortelle qui, au premier mouvement produit les fruits plus sanglants (1).

(1) Florencio Janer.

Sous le règne de Ferdinand même, nous comptons trois insurrections.

Les Maures entretiennent des relations suivies avec les Tunisiens et les Africains.

Chaque fois qu'un Morisque coupable est atteint par le glaive de la loi, les Morisques en donnent avis à leurs co-religionnaires qui le vengent sur les captifs chrétiens.

Les espions morisques correspondent avec les Berbères dont les vaisseaux sillonnent les eaux du littoral, et les corsaires sont prévenus des départs des vaisseaux espagnols qu'ils assaillent en haute mer.

On voit les Morisques déchirer les images saintes, souiller les croix des chemins, profaner les cimetières, assassiner les voyageurs et martyriser les ecclésiastiques.

Il n'y a pas de langue, dit un écrivain contemporain, qui puisse rendre les pertes et les morts qu'eurent à souffrir les catholiques de la part de cette abominable nation ; la commisération était chose inconnue, les villages étaient dévastés, les demeures saccagées ; les Maures décapitaient les vaincus.

Quelques-uns ont feint, par spéculation, de se convertir ; mais ils ne remplissent qu'extérieurement les devoirs du chrétien, secrètement ils sont retournés à la religion de leurs ancêtres, et les évêques sont obligés de déclarer que c'est un péché que d'admettre ces apostats à la sainte table, et de leur permettre d'assister à la célébration du sacrifice de la messe.

De toutes parts des plaintes éloquentes sont adressées aux ministres, de toutes parts on réclame des remèdes contre tant de maux soufferts.

Enfin la consternation et l'exaspération sont telles que, malgré les prières des prélats, qui dans leur saint zèle ne désespèrent pas de ramener en des voies meilleures cette populace exé-crée et avilie, l'expulsion de la race morisque est décrétée, le sol espagnol purifié.

On a prétendu que les mesures rigoureuses que Ferdinand fut forcé de prendre contre les Maures et leur expulsion finale, furent calamiteuses pour la péninsule; le contraire est facile à prouver.

L'expulsion des Morisques était alors aussi indispensable à l'Espagne que l'est au corps humain l'amputation d'un membre gangrené.

Que les Arabes aient été des agriculteurs émérites, qu'ils se soient montrés artistes de génie, commerçants et industriels habiles, il y aurait folie à le contester, nous l'avons nous-même proclamé tout à l'heure ; mais qu'après eux l'Espagne soit demeurée sans agriculture, sans art, sans industrie, sans commerce, voilà ce que nous nions. Un certain laps de temps dut nécessairement s'écouler avant que les chrétiens eussent acquis la connaissance des procédés morisques, nul ne s'improvise artiste, industriel, cultivateur ; mais c'est surtout durant cette période que le travail d'unité s'accomplit.

Jusqu'alors toutes les professions exercées par les infidèles étaient considérées comme viles par les Espagnols ; l'occupation empêchait donc le développement de l'industrie nationale.

L'expulsion des Arabes, a-t-on dit encore, a dépeuplé l'Espagne. Mais la cause vraie de dépopulation ne gît-elle pas dans les luttes opiniâtres de la *reconquista*, dans les guerres soutenues contre les Français, les Turcs, les Indiens et les Africains par les successeurs de Ferdinand ?

Si l'industrie fut lente à se relever en Espagne, à sortir de ses limbes, c'est que les bras qui devaient lui donner la vitalité portaient des triomphantes bannières à Milan , à Pavie, à Rome, en Hongrie et en Amérique.

Les avantages que retira l'Espagne de l'anéantissement des Morisques sont au contraire considérables, dans l'ordre religieux comme dans l'ordre politique. Elle conquit l'unité de religion et la sécurité de l'État.

C'est à cette unité, dit l'historien des *Morisques en Espagne*, que ce pays doit sa nationalité actuelle et la religion de ses ancêtres ; c'est à cette unité que le peuple espagnol doit d'appartenir « à la grande famille européenne avec toutes ses conditions de force, de vie, de prospérité, au lieu de se trouver opprimé sous le joug de la civilisation orientale, sans aucune des idées fondamentales et constitutives de la civilisation moderne. »

Toute fusion était impossible entre le Maure et le Chrétien, non-seulement dans l'ordre religieux, mais même dans l'ordre politique.

Une inimitié implacable existait entre les deux peuples, le seul rêve des rois, du clergé, des seigneurs, du peuple des villes comme du peuple des campagnes avait toujours été la récupération de leur patrie : il semblait que tant que le pied d'un Morisque foulerait le sol, celui-ci ne boirait pas le sang répandu. La haine était tellement invétérée que si les Maures laissaient sur les champs de bataille les cadavres des chrétiens sans sépulture, les chrétiens, de leur côté, abandonnaient les corps de leurs adversaires aux loups, aux chiens et aux vautours. Puis l'humiliation imposée pendant sept siècles, à l'Espagne, ne pouvait être oubliée.

Nul point de tengence entre les deux sociétés : l'une, la morisque, portait en elle le principe de mort, l'autre le principe de vie, et si les antipathies naturelles, spontanées, les luttes sanglantes et sept siècles de mutuels outrages, de terribles représailles, n'avaient rendu tout amalgame irréalisable, les deux religions se seraient dressées l'une contre l'autre : l'islamisme, religion d'immobilisation et de sensualisme; le christianisme, religion de spiritualisme et de progrès; l'islamisme, religion d'égoïsme, le christianisme, religion d'abnégation et de dévouement.

L'islamisme a stérilisé tout ce qu'il a touché, le christianisme a tout vivifié (1). Mahomet a dégradé la femme (2) et autorisé l'esclavage de l'homme, le Christ a dit : « Les humbles seront exaltés ; venez à moi, vous qui portez des chaînes, et je vous délivrerai. »

Grenade conquise, l'expulsion complète n'était plus qu'une question de temps ; Ferdinand et Isabelle purent considérer comme terminée, l'œuvre colossale de la *reconquête*. A eux seuls, à leur génie, à leur énergie revient la gloire du dernier acte de ce drame grandiose qui dura sept siècles.

(1) « L'état actuel d'abrutissement des peuples soumis au Coran, la dépopulation des contrées où règne le mahométisme sont des faits qui frappent les yeux et dispensent de toutes réflexions. »   (J.-B. Buchez.)

(2) « Les femmes sont votre champ, allez à votre champ, comme vous voudrez. Les hommes sont supérieurs aux femmes. »   (Koran.)

Et les rois catholiques n'ont pas seulement assuré à l'Espagne la tranquillité politique et religieuse, ils ont encore racheté la moitié de la honte de l'Europe chrétienne, qui venait de laisser les musulmans implanter le croissant sur les rives fertiles du Bosphore.

Les Juifs. — Leur expulsion.

Si l'expulsion des Maures fut blâmée par des
historiens qui se méprirent sur la véritable
portée de cet acte comme sur ses conséquences ;
si elle fut prétexte à clameurs pour les écrivains
fiévreux que la révolution de 1793 a fait éclore,
et qui ont l'habitude de s'agiter dans le vide, la
proscription des Juifs par les rois catholiques

n'a pas ouvert un champ moins large aux déclamations et aux divagations des libres penseurs et des politiques de rencontre.

Grâce à la révolution française, les Juifs jouissent, en France, d'un état civil, ils sont appelés à l'exercice des droits politiques, leur culte est reconnu par l'État, leurs rabbins perçoivent le traitement de nos prêtres, leur admissibilité aux emplois publics a été décrétée. Puissent les Juifs, dérogeant à leurs habitudes, se montrer reconnaissants pour cette France par qui sont tombées les barrières qui les séparaient des nationset, qui a été pour eux une seconde terre de Chanaan.

« Formée par hasard, et comme d'elle-même, dans les bas fonds de la société égyptienne dispersée sur toutes les routes du globe, à tous les coins de l'horizon, comme les feuilles sèches que chasse le vent d'automne, prolongeant sans assiette fixe, sans foyer, sans point de ralliement, sans gouvernement, sans patrie, son existence odieuse et tourmentée, ne pouvant ni vivre ni mourir, souple et flexible comme le serpent sous le pied qui l'écrase, la nation juive cherche, comme lui, à renouer ses tronçons.

Depuis dix-huit siècles les Juifs, objets de haine et de mépris, ont traversé les peuples, les pays, les civilisations sans leur rien prendre, sans leur rien communiquer ostensiblement, ne se mêlant à aucun, résistant à tous les efforts employés pour les détruire, à toutes les avances faites pour les convertir, bravant également la main du despotisme qui veut les fondre et les assimiler dans une nationalité différente et la main de la bienveillance qui les appelle à la civilisation par l'appât des bienfaits (1). »

L'exemple de tolérance donné par la France a été suivi par la plupart des nations européennes.

Cependant, en Russie et en Pologne, leur sort est encore assez dur pour qu'ils cherchent à déserter, en dépit de l'ukase qui leur interdit l'habitation des provinces frontières ; dans les diverses contrées de l'Amérique, ils vivent à l'état d'étrangers ; aux États-Unis, la liberté du culte ne leur a été accordée qu'à regret ; en Allemagne, l'État des Juifs n'est pas fixé ; en Autriche (2) ils n'achetaient encore, naguère, qu'à

(1) C'est à l'*Encyclopédie moderne* que nous empruntons cette photographie d'Israël.

(2) Le *Wanderer* contient la curieuse nouvelle suivante, de Biecz : « Dimanche dernier, on a lu en chaire une instruction pastorale de l'évêque de Prunzemgh, qui est une véritable excommunication. Cette lettre menace tous les

prix d'argent le droit de résidence et, sans son or, Rothschild n'aurait jamais obtenu la faveur d'être nommé bourgeois honoraire (1); en Angleterre, les Juifs sont Juifs et ne sont pas Anglais.

Dès 1828, les catholiques ont envoyé au parlement leur représentant O'Connel qui entra de plain-pied (2) ; mais M. Lionel Rothschild a fait

chrétiens qui se trouvent actuellement ou se trouveront à l'avenir au service des Juifs des châtiments spirituels ; ils seront privés de tous les bienfaits de l'Eglise, du pardon de leurs péchés, de l'extrême-onction et même de la sépulture ecclésiastique. Par conséquent, une excommunication formelle est décrétée contre eux. Si ces faits sont exacts, il est difficile de les mettre d'accord avec la nouvelle loi de l'Autriche sur les Juifs et de savoir si le maintien de cette loi est possible en présence d'actes de cette nature. »   (*Journal des Débats*, 25 avril 1860.)

(1) *Encycl. mod.*

(2) Nous pouvons dire de plain-pied, car l'année durant laquelle il attendit son admission fut employée par lui à

plus de quinze ans antichambre à la porte de Westminster.

En Turquie, le mépris des mahométans lés force à observer l'orgueilleuse loi de Moïse : vous ne vous allierez pas par le mariage avec les autres peuples ; vous ne donnerez pas vos filles à leurs fils, et vous ne prendrez pas leurs filles pour vos fils.

En Perse, leur condition est celle que leur avait faite le moyen âge, les seigneurs recrutent les femmes des harems parmi les filles juives, et, dans le reste du monde, livrés aux métiers les plus infimes, mis au ban de l'humanité, parqués dans des quartiers séparés comme des lépreux, les israélites semblent n'exister

obtenir le bill d'émancipation qui accorde aux catholiques le droit d'entrer au Parlement sans prêter un serment qui répugne à leur conscience.

sous le poids de la malédiction de Dieu que pour prouver la divinité du christianisme (1).

Nous l'avons dit, si les Espagnols voyaient dans les Morisques les usurpateurs de leur sol et les ennemis de leur religion, ils haïssaient mille fois plus les Juifs qu'ils appelaient les assassins de leur Dieu.

Persécutés à bon droit, en Espagne, par les Franks comme par les Visigoths, les Juifs applaudirent à la conquête arabe, firent cause commune avec les infidèles, et les Espagnols ne leur pardonnèrent pas.

Lorsque les rois chrétiens reconquièrent leur patrie, les Juifs feignent de se convertir parce que le concile de Tolède a décidé que les Juifs convertis seront exempts du tribut que paient

(1) *Encyl. mod.*

les autres ; mais ils pratiquent en secret le culte d'Abraham, et comme il est dans leur destinée d'être l'éponge des richesses des nations, d'être en conjuration permanente contre la fortune des peuples qui les souffrent sur leur sol, ils tiennent entre leurs mains le commerce et ruinent les seigneurs comme le peuple (1).

Ils sont comme à l'engrais dans la Péninsule.

A maintes reprises on saigne ces pléthoriques, on fait dégorger ces sangsues ; mais, vingt fois dépouillés, vingt fois on voit les fils de Juda re-

(1) « Les Juifs étaient en possession dans toute l'Europe des bureaux de prêts, où l'intérêt était d'autant plus élevé que les garanties étaient plus faibles. Ces bureaux étaient donc inaccessibles aux pauvres ou les soumettaient aux conditions les plus dures. Les monts-de-piété n'ont eu pour objet que de venir en aide aux pauvres qui se trouvaient à la merci des Juifs. »   (G. de Villepin.)

venir, âpres au gain, à la curée. « Le judaïsme (1) n'est que la raison sociale d'une immense maison de commerce. »

Chassés de Tolède, de Séville, de Cordoue, au xive siècle, nous les retrouvons au xve forçant les rois à leur affermer la perception des impôts, les péages des ponts, les douanes, et suant par tous les pores, l'or qu'ils enlèvent à la circulation.

Bientôt, au concert des plaintes des spoliés, des pressurés, se mêlent de sinistres clameurs.

La peste éclate et l'on dit que les Juifs du Levant l'ont importée en Espagne dans des ballots d'étoffes expédiés à leurs co-religionnaires.

On dit encore tout bas que, non contents de

(1) *Encycl. mod.*

saper la fortune publique, les Juifs attentent à la vie des particuliers.

De telles rumeurs sont toujours accueillies par la foule. Dans notre siècle, ce siècle que nous prétendons tout de lumière, en 1832, n'avons-nous pas vu maintes personnes accusées d'avoir empoisonné les fontaines et massacrées sur un soupçon.

Au xve siècle et dans l'état d'antagonisme où se trouvaient les juifs et les chrétiens, une semblable accusation devait se propager comme le feu à une traînée de poudre.

Tout à coup on découvre un crime identique à celui commis à Sepuldava, diocèse de Ségovie, en 1468, par Rabbi Salomon, ministre de la synagogue de cette ville : Un enfant chrétien a été volé par les Juifs et a enduré tous les tourments que Jésus-Christ a soufferts dans sa passion, jusqu'à ce qu'il expirât sur la croix. La justice instruit le procès, les bourreaux sont pendus et brûlés, les Juifs de la ville sont massacrés.

Le peuple entier réclame énergiquement l'ablation du cancer qui les ronge depuis si longtemps.

Avant d'obtempérer au vœu de ses peuples, Isabelle et Ferdinand ouvrent l'enquête la plus sérieuse sur les crimes imputés aux Juifs, sur les griefs dont chaque province, chaque ville corroborent leurs exigences Ils ne mettent pas seulement dans la balance de leur justice la conduite des Juifs de Castille et d'Aragon, ils s'enquièrent encore si celle des descendants de Jacob, dans les autres contrées de l'Europe, ne peut militer en faveur des Juifs péninsulaires. Ils sont forcés de s'avouer que la race juive est partout confondue dans une même exécration.

Jetant les regards sur les siècles qui ont pré-cédé, ils voient les princes les plus cléments con-traints d'extirper de leurs royaumes la plante vé-néneuse de l'association judaïque.

Ils voient Philippe-Auguste faire injonction aux **Juifs** (1) de sortir sous trois mois du terri-toire, confisquer leurs immeubles et décharger leurs débiteurs des sommes dues.

Ils voient à Paris ces loups-cerviers enrichis à un tel point par l'usure, que le quart de la ville leur appartient. Ils les voient expropriant de leurs biens, les chevaliers, les paysans, les bourgeois, que souvent ils détiennent en leurs domiciles comme en prison.

Ils savent que partout, l'expulsion de cette race

(1) « Cette lie, cette écume de l'espèce humaine. »
(Rigord.)

de vipères, de serpents qui mordent sans sif-
fler (1), a été conseillée par la majorité la plus
respectable du clergé et que cette mesure fut en
France excessivement populaire.

Ils voient, après Philippe-Auguste, saint Louis
défendre aux Juifs d'emprisonner leurs débiteurs, leur interdire tout contrat et les forcer à
porter par devant et par derrière, sur leurs habits,
la rouelle de drap jaune qui les fera distinguer
des chrétiens, comme la ceinture dorée fait distinguer les prostituées des femmes honnêtes (2).

Ils voient Charles VI, à la suite du meurtre
commis par les Juifs sur l'un des leurs qui avait

(1) Rigord.

(2) « On ne doit pas se disputer de paroles avec les
Juifs, a dit le roi, mais à bonne épée tranchant et en frap-
per ces mécréants à travers du corps tant qu'elle pourra y
entrer. »   (Joinville.)

embrassé le christianisme, ordonner que « nul juif ou juifve n'habitera en son royaume, en aucune partie d'icelluy, tant en Languedoyl qu'en Languedoc. »

Ils se rappellent combien Charles VI était débonnaire ; on leur a dit que Philippe-Auguste, si dur à Israël, a commencé son règne par l'affranchissement des serfs de ses propres domaines.

Ils savent que la mansuétude, la foi, la piété de saint Louis en ont fait le modèle des rois à venir, et ils n'hésitent plus à donner satisfaction au vœu de leurs peuples. Le jour de la liquidation de leurs méfaits est arrivé pour les Juifs.

De tous côtés, du reste, ils sont traqués comme des bêtes fauves par les victimes de leur rapacité. Le peuple veut faire d'eux ce qu'on fait des bêtes venimeuses, il veut les écraser sur les piqûres qu'ils ont faites, pour en guérir : Morte la bête, mort le venin ! C'est alors que pour leur sauver la vie , Isabelle et Ferdinand décrètent leur exil.

L'édit est rendu au mois de mars 1492, sous quatre mois l'ordonnance doit être exécutée. Les Juifs se préparent à quitter l'Espagne et la Sicile dont l'édit les chasse également.

Ils passent trois jours dans les cimetières, sanglottant et arrosant de leurs larmes les os de leurs pères, regrettant de ne pouvoir les emporter avec eux, « regrettant plus encore, a dit un historien du temps, que ce ne fut pas une marchandise vendable. Il ne faut jamais *voir* ce que les Juifs disent, ajoute le même écrivain, il faut voir leurs pensées de dessous. »

Cinquante mille familles s'expatrient ; les unes

choisissent pour lieu d'exil la terre africaine, les autres le Portugal, où le roi Jean II leur concède moyennant une somme minime, ou le droit de séjour ou le droit de passage.

Ils reconnaissent singulièrement les bons procédés du monarque. Les premiers Juifs arrivés en Portugal, accueillis avec compassion, s'empressent d'écrire à leurs frères, encore en Espagne : Hâtez-vous de venir, la terre est bonne, le peuple est idiot, l'eau est à nous, tout nous appartiendra ?

Bientôt un édit d'Emmanuel punira tant d'effronterie et tant d'ingratitude.

Résumerons-nous ce qui précède, rappellerons-nous que l'histoire de ce peuple n'est heureusement l'histoire d'aucun autre peuple, que les juifs ont toujours vécu haïs, conspués, nomades, isolés, ne remplissant chez les nations qui leur ont donné l'hospitalité, d'autre rôle que celui de ver rongeur.

Non. — La répulsion dont la race juive était encore l'objet le siècle dernier, le mépris instinctif qu'inspiraient, avant 93, les traits caractéristiques de physionomie, cachet indélébile de la race prolifique de Juda (1), la constation de cette vérité : « Partout où s'est glissée l'association juive, on a vu baisser le thermomètre de la prospérité publique, » justifient, surabondamment, l'édit de Ferdinand et d'Isabelle. (2)

(1) *Encycl. mod.*

(2) Nous n'avons fait ici que l'histoire du passé, et dans notre impartialité nous constatons que ce passé n'engage pas le présent.

Depuis que Moïse Mendelsshon a fondé la société des Neumodisch (Juifs modernes), l'influence de son rationalisme s'est rapidement propagée. La Société de Francfort, dans son symbole, a déclaré :

7

Nous concluerons en proclamant, qu'à nos yeux, la proscription des Juifs était aussi nécessaire que l'expulsion des Morisques, pour que les rois catholiques réalisassent l'unité dans la foi comme dans la nationalité.

1° Que dans la religion mosaïque il existe une possibilité de progression sans bornes ;

2° Que les Israélites n'attendent ni ne désirent le Messie qui doit les ramener en Palestine, et qu'ils ne reconnaissent pour patrie que celle dans laquelle ils sont nés et à laquelle ils tiennent par des relations civiques.

Ces modifications intelligentes introduites dans le mosaïsme ont éveillé de vives sympathies parmi la plupart des nations catholiques, et surtout dans cette France hospitalière, qui compte déjà nombre d'Israélites parmi les illustrations de sa magistrature, de son barreau, de sa littérature et de son industrie.

La Royauté et la Papauté.

La plupart des historiens de Ferdinand et d'Isabelle ont exagéré la portée et la durée des luttes, où plutôt des différends qui s'élevèrent entre la papauté et les rois catholiques.

Ces différends n'eurent d'autres résultats que de resserrer les liens qui unissaient le Saint-Siége et l'Espagne, et ont été presque toujours bornés à des discussions sans aigreur d'administration ecclésiastique.

Une seule fois, à propos de la concession octroyée au cardinal don Gregorio, neveu de Sixte IV, du bénéfice de l'évêché de Cuença, la raideur du caractère du pontife, le ton agressif de ses communications, faillirent amener une rupture sérieuse entre la cour d'Isabelle et la cour romaine.

Le Saint-Siége restauré, à Rome, n'est plus la grande papauté du moyen âge. La théocratie d'Innocent III et de Grégoire VII est réduite, il faut l'avouer, aux proportions étroites du népotisme.

Pendant l'échec de la grande unité de l'Europe chrétienne que les papes avaient donnée au moyen âge et que le schisme a compromise, les petites unités nationales se sont dessinées, affermies. Le pouvoir immense que la papauté a perdu est retombé en détail entre les mains des rois devenus leurs héritiers en France, en Allemagne, en Angleterre, en Espagne, après les conciles de Bâle et de Constance (1). Les rois défendent maintenant leur propre autorité ou l'indépendance de leurs églises par les pragmatiques sanctions qui apportent des limites à l'autorité pontificale. Sans pragmatique même, comme en Angleterre et en Espagne, les rois n'admettent plus les légats et les ordonnances du pape, dans leurs royaumes, que sous bonnes réserves ; ils suppriment des couvents, réunissent les grandes maîtrises des ordres militaires et religieux, et lèvent des dîmes sans consulter le Saint-Siége (2).

(1) Zeller.
(2) *Id.*

Eugène IV, longtemps contesté par le concile de Bâle, a été le premier pape restauré à Rome, mais Nicolas V est cependant le premier qui ait été remis réellement en possession de la situation perdue par Boniface VIII. Son règne, comme celui de Callixte III, qui lui succède, est peu marquant et de courte durée ; Pie II songe avant tout à organiser une croisade contre les Turcs qui, tandis que la papauté recouvrait Rome, s'emparaient de Constantinople ; Paul II suit mollement la politique de son prédécesseur, et Sixte IV concentre toutes ses facultés et tous ses efforts au rétablissement, dans les États de l'Église, du pouvoir pontifical rétabli à Rome par Nicolas V.

Pour arriver à ses fins, il employa une ressource inusitée, celle du népotisme (1).

(1) Zeller.

Son favoritisme ne profita qu'aux membres de sa famille, ne leur profita que passagèrement sans tourner un moment au bien de l'Église, et ne lui fut pas moins préjudiciable en Italie qu'en Espagne, où il compromit la bonne harmonie qui existait entre le Saint-Siége et Isabelle.

Déjà, en 1479, la mort de Pierre Ferriz ayant laissé vacant le siége épiscopal de Taragone, Sixte IV en avait conféré le bénéfice à don André Martinez. Ferdinand, voyant dans cette nomination une atteinte portée aux anciens usages et à ses droits, avait envoyé à Rome Hernandez de Heredia et Martinez Garcie de Lerme pour faire, à ce sujet, des remontrances au Saint-Père, et le prier de n'octroyer les bénéfices ecclésiastiques de ses différents royaumes, en Espagne, qu'à des personnes qui y seraient nées.

En 1482, meurt Antoine Veneris, évêque de

Cuença, et Sixte IV lui donne pour successeur S. Gregorio, son neveu. Ferdinand et Isabelle appellent de nouveau l'attention du souverain pontife sur les droits qu'ils ont de proposer aux dignités ecclésiastiques de leurs royaumes. Isabelle supplie particulièrement Sa Sainteté de nommer, au siége de Cuença, son aumônier Alphonse de Burgos, déjà évêque de Cordoue. Sixte IV répond aux ambassadeurs d'Espagne que lui seul a droit de conférer les dignités, qu'il n'est tenu de consulter aucune puissance terrestre, et qu'il pourvoit les bénéfices comme il convient le mieux aux intérêts de la religion.

Isabelle ordonne alors à tous ses sujets de sortir de Rome, sous peine de confiscation de leurs biens, en Espagne. Cette mesure a l'effet qu'elle est en droit d'en attendre. Sixte IV comprend qu'une main plus ferme

que celle de Henrique, tient les rênes du gouvernement de Castille; il dépêche à Medina del
Campo, avec la qualité de légat, son compatriote, le gênois Dominique Centurion qui, au
lieu de lettre d'audience, reçoit l'ordre de quitter
sans délai le royaume.

Centurion insiste humblement, supplie Ferdinand et Isabelle de le recevoir, non en qualité
de légat, mais comme simple particulier, comme
le dernier de leurs sujets.

Cette soumission, que fait valoir le cardinal
Mendoza fléchit les monarques, audience est
accordée à l'envoyé papal qui promet, au nom
du souverain Pontife de respecter désormais
leurs prérogatives.

Une bulle spéciale confirme ces promesses.
La nomination de S. Gregorio est annulée, don
Alphonse de Burgos appelé à l'évêché de Cuença,

Tello de Buendia est pourvu du siége épiscopal de Cordoue, et Pierre de Malvenda, simple religieux, de celui de Coria.

La mesure énergique, prise par Isabelle, avait coûté à son humilité chrétienne, mais elle croyait l'acte et les réponses de Sixte IV attentatoires à ses droits comme à sa dignité.

Au commencement de son règne, lorsque le prieur du Prado fray Hernando, son confesseur, lui dit : « Nous devons être, madame, vous à genoux, moi assis, car c'est ici le tribunal de Dieu ; j'agis comme son vicaire et ne suis rien ici si vous ne me considérez comme le vicaire du Christ. » Elle avait obéi sans murmure (1).

Là il n'y avait que la chrétienne en présence

(1) « Porte honneur au prêtre, a dit saint Remy ; si tu es en bon accord avec eux, ta domination en sera plus solide et plus douce. »   (Saint Grégoire de Tours.)

du représentant de son Dieu ; dans le différend avec Sixte IV, il y avait le pape et la reine.

Du reste, les exigences d'Isabelle étaient fon-dées, elle soutenait ses droits (1) ; Sixte IV con-à les reconnaître sans arrière pensée, sans ré-criminations ; il continua de prêter son con-cours aux rois catholiques. Ses successeurs au siége de saint Pierre imitèrent son exemple, et leur appui ne fut point peu efficace dans la guerre contre les Maures, dans la conquête de Grenade.

(1) « En favorisant l'Eglise et en reconnaissant le droit de Dieu, que les rois, dans le reste des choses du gouver-nement, ne craignent pas d'affermir et maintenir leur propre droit. »   (Louis Veuillot.)

Découverte du Nouveau-Monde.

Un homme frappe un jour à la porte du couvent de Sainte-Marie-de-Rabida, porte qui, comme celle de tous les couvents d'Espagne, s'ouvre hospitalière au pèlerin, au voyageur.

Cet homme, aux vêtements poudreux, à l'accent étranger, soutient les pas de son jeune fils, qui se traîne épuisé et pâle. Il implore pour l'enfant l'aumône, qui n'est jamais refusée, un morceau de pain, un peu d'eau.

Au moment où les deux voyageurs, après une courte halte sur les marches du couvent, vont reprendre le chemin de Huelva, le prieur Juan Perez de Marchenna, remarquant le grand air et la distinction, que la sordité de leurs vêtements n'ôte point aux voyageurs, entre en conversation avec eux.

L'enfant s'appelle Diego, le père a nom Christophe ; il a été tour à tour soldat et pilote : il n'est rien aujourd'hui, il ignore ce qu'il sera demain ; et cependant cet homme porte un monde dans un pan de ses haillons, et au nom de Christophe joint celui de Colomb, qui sera répété par les échos de l'univers, et que l'humanité connaîtra jusqu'à son jour dernier.

Le prieur n'a pas vécu de cette vie contemplative et dans cette oisiveté que l'on prête si gratuitement aux moines; il possède les connaissances les plus approfondies dans l'art nautique; rien de ce qui concerne la géographie ne lui est étranger; toutes les découvertes nouvelles lui sont familières.

Son accueil plein de franchise, d'intérêt et de bonté fait que Colomb lui ouvre son cœur et lui fait part du rêve de sa vie entière, de la possibilité de découvrir dans l'Ouest des terres dont l'existence est, selon lui, démontrée par la conformation du monde connu et par l'observation de phénomènes consignés dans les rapports de maints navigateurs entraînés par les tempêtes dans la direction du nord-ouest.

Deux cellules sont mises par Juan Perez à la disposition de Colomb et de son fils; chaque jour, dans de longues conférences, les théories

du pilote sont discutées ; et lorsque les convic-
tions du marin ont passé dans l'âme du prieur,
celui-ci, comprenant de quelle importance serait
pour sa patrie la découverte de tout un monde
nouveau, prouve à Colomb que l'intérêt qu'il
lui a témoigné n'est ni banal, ni stérile.

Colomb part au printemps suivant pour Cordoue où se trouve la cour, muni de lettres de
recommandations chaleureuses, adressées à fray
Hernando, confesseur de la reine, ami intime
du prieur de Santa-Maria-de-Rabida.

Malgré l'appui de ce nouveau protecteur in-
fluent, six ans s'écouleront en sollicitations, en
fiévreuse attente.

Les savants, consultés par les rois catholiques,
taxent d'extravagance un tel projet ; Alphonse
de Quintalina et don Pedre de Fonseca concluent

seuls à la possibilité du fait ; mais encore, ajou-
tent-ils « qu'ils sont loin de répondre du succès
matériel de l'expédition. »

En présence de ces négations et de ces incer-
titudes, Ferdinand, dont la guerre de Grenade
engloutit les finances, déclare qu'il n'est pas dis-
posé à risquer dans une entreprise aléatoire des
bras et de l'or dont il a tant besoin.

Après avoir vu pendant six ans ses espérances
trahies, ses projets sacrifiés à quelque évènement
imprévu surgissant toujours au moment où il va
atteindre son but, Colomb s'éloigne le cœur
brisé. Il croit en l'existence d'un nouveau monde
comme il croit en l'existence de Dieu, et la gloire
de découvrir ce complément de notre globe lui
échappe à jamais.

Ira-t-il promener de royaume en royaume ses

sollicitations importunes? Déjà, en Portugal, en Italie, en Angleterre, sur la simple énonciation de son projet, ne l'a-t-on pas traité d'insensé, d visionnaire (1) ?

(1) « Un des plus grands obstacles que Colomb rencontra lorsqu'il soumit son projet aux différentes cours de l'Europe fut le respect pour les décisions des Pères de l'Église qui avaient combattu l'existence des Antipodes.

» Au XXIIIe chapitre du IIIe livre de ses *Divinæ Institutiones*, Lactance combat l'opinion de Pline, Méla, Manilius, Cicéron et Macrobe, qui ont cru qu'il existait une zône *in quo (australi cingulo) qui adversa nobis urgent vestigia* dont les habitants ont les pieds opposés aux nôtres.

» Au chapitre IX de son livre *De Civitate Dei*, saint Augustin se refuse aussi de croire à l'existence d'un autre monde.

» Au VIIIe siècle, Virgile, évêque de Salzbourg, est dénoncé par le légat Boniface au pape Zacharie, parce qu'il n'admet pas les idées de saint Augustin.

» Ce fut Alexandre Geraldini, premier évêque de Saint-Domingue, qui prêta auprès de la reine assistance à Co-

Tout à coup deux courriers royaux le rejoignent et lui font rebrousser chemin. Ils lui apprennent que Grenade est prise, que son protecteur, s'adressant tout particulièrement à la reine, lui a représenté que vingt mille ducats suffisent à la tentative, qu'en cas de réussite l'Espagne lui devra une prospérité sans exemple, et le monde découvert la propagation de la vraie foi.

Cette dernière considération a décidé la pieuse souveraine. Isabelle est encore à Santa-Fé; elle y reçoit Colomb en audience solennelle. Ces deux grands génies se comprennent :

« S'il vous faut plus de vingt mille ducats, lui dit-elle, j'engagerai mes joyaux. »

lomb. « Parce que Lactance et saint Augustin sont des » docteurs illustres, dit-il, est-ce une raison pour qu'ils » soient excellents géographes. »   (Eyriès.)

Le vendredi 3 août 1492, Colomb sort de Palos-Moguer, petit port de l'Andalousie, avec trois caravelles, et le 12 octobre le nouv au monde est découvert.

Dans ce premier voyage, Colomb prend, au nom des rois d'Espagne, possession de San-Salvador, l'une des Lucayes, de Cuba, d'Haïti, qu'il nomme Hispaniola.

Le 15 mars 1493, il débarque dans ce même port de Palos, qu'il a quitté il y a sept mois à peine ; il court au couvent de Santa-Maria embrasser son fils, à qui le prieur Juan Perez a servi de père ; il court annoncer à Isabelle qu'il lui a conquis des royaumes où l'atmosphère est pure, où les côtes verdoyantes se mirent dans des eaux d'une transparence de cristal, où la végétation phénoménale permet trois fois chaque année la récolte des moissons, poussées sans culture, et où les pepites aurifères sont mêlées aux cailloux des chemins.

Le 20 septembre 1493, Colomb part de Cadix avec dix-huit bâtiments, quinze cents volontaires, douze missionnaires séculiers et leur supérieur Pierre Bail, moine bénédictin.

Dans cette deuxième exploration, la majeure partie des Antilles, la Dominique, la Guadeloupe, Marie-Galante, Saint-Martin, Sainte-Croix, la Jamaïque, Antigoa, Porto-Rico et les Iles *sous le vent* sont découvertes.

Au troisième voyage de Colomb, qui traverse une des bouches de l'Orénoque, l'Espagne doit l'île de la Marguerite et l'exploration des lieux où fut bâtie depuis Caracas, capitale du Venezuela.

Le quatrième voyage effectué en 1502 se borne

à la reconnaissance des côtes des îles précédemment découvertes et à la prise de possession de quelques autres d'importance secondaire, parmi lesquelles Guanaja.

L'investiture de ces terres nouvelles a été donnée par Alexandre VI aux rois catholiques. L'Espagne doit donc à Colomb la possession d'un monde, possession dont les conséquences permettront à Charles V de rêver un instant la monarchie universelle en Europe.

L'ingratitude des rois catholiques égala seule, a t-on dit, la grandeur du service rendu.

On a représenté Colomb ramené d'Amérique en Espagne les fers aux pieds et disgracié particulièrement du roi.

Si jamais fait apparent amena une conclusion fausse, ce fut en cette circonstance.

Colomb fut un immense génie, mais aussi,

comme la plupart des hommes partis du dernier degré de l'échelle sociale, d'une susceptibilité extrême. Lorsqu'après s'être endormi pilote il se réveilla le lendemain amiral, il se crut à chaque nstant ridiculisé par les envieux, bravé dans ses commandements, outragé dans sa dignité.

En exigeant l'observation d'une discipline sévère de la part des aventuriers turbulents et sourds au sentiment du devoir, qui avaient consenti à s'associer à ses périculeux voyages, il se les aliéna. Ses stipulations avec la cour d'Espagne avant de s'embarquer à Palos, stipulations qui lui assuraient une part de bénéfices considérable et la vice-royauté des terres qu'il pourrait découvrir, le firent taxer d'ambition et de mercantilisme.

Entier dans ses résolutions, implacable dans leur exécution, ne prenant jamais conseil que de lui-même, hautain envers ses subordonnés, se complaisant en son génie, il froissa ceux qui ne comprenaient pas dès l'abord toute l'importance de ses découvertes, et se fit des ennemis même parmi les seigneurs de la cour.

Lorsque les rois catholiques apprirent que la multitude dissolue à laquelle commandait Colomb provoquait et massacrait les paisibles Indiens, lorsque les ennemis de l'amiral lui attribuèrent ces désordres et ces tueries, leur humanité fit taire l'admiration qu'ils professaient pour le grand navigateur, et ils ordonnèrent une enquête. Si Bovadilla, chargé de diriger cette enquête outrepassa ses pouvoirs, Ferdinand et Isabelle doivent-ils assumer la responsabilité de ses actes? Lorsque, introduit en présence d'Isabelle, Colomb lui raconta les odieux traitements qu'il avait subis, ne reconnut-il pas, en voyant couler les larmes de la reine, qu'elle n'avait trempé en rien dans ces indignités, et la douleur qu'il ressentit à la mort d'Isabelle, qui ne le précéda guère que d'un an dans la tombe, ne contribua-t-elle pas à sa propre mort, arrivée en 1506, à Valladolid?

Quant au roi Ferdinand, même après la mort de la reine, principale protectrice de Colomb, ne combla-t-il pas celui-ci de pensions, ne détacha-t-il pas de ses domaines pour lui en faire don la ville de Canion de los Condes, ne se chargea-t-il pas du sort de ses fils et des frais des splendides funérailles faites à Séville à son grand amiral?

Bien que son orgueil égalât celui de Fernand Cortès qui, plus tard, disait à Charles-Quint : « Je vous ai donné plus de royaumes que vos ancêtres ne vous avaient laissé de villages; »

Christophe Colomb ignorait l'importance incalculable de ses découvertes (1).

Il croyait avoir ouvert une voie nouvelle au commerce, et par-là enrichi l'Espagne ; il ne se doutait pas qu'il avait révélé l'existence d'un continent presque égal en superficie à l'ancien monde.

Dieu, comme il le fit pour d'autres génies, n'avait pas soulevé pour lui le voile des siècles qui allaient suivre, et ne lui avait point montré dans une vision de gloire l'éclosion, au milieu de ces terres sauvages, d'États florissants dont la civilisation hâtive et hybride a rejoint la nôtre dans sa course au progrès.

Christophe Colomb mourut en appréciant le néant de la gloire humaine.

(1) *Encycl.*

L'an 1500, en cherchant à éviter les calmes, Alvarez Cabral s'éloigna de la route des Indes, trouvée par son compatriote, Vasco de Gama, et découvrit le Brésil sans le vouloir.

Le hasard aurait donc révélé le nouveau monde, et en eût doté le Portugal, si Colomb n'en eût, quelques années auparavant, deviné l'existence, et si Isabelle n'eût deviné le génie de Colomb.

II.

Dans la découverte de l'Amérique ne gisent
pas seulement l'extension du commerce, l'im-
portation des épices, des gommes, des pierres
précieuses, des parfums, des bois de construc-
tion et de quantité de produits du règne végétal
utiles dans les arts et la médecine, et l'accroisse-

ment de la marine marchande, et l'exportation des marchandises fabriquées en Europe, et par contre, la prospérité de nos manufactures. Avant tout, cette découverte a imprimé à l'esprit humain une grande et salutaire secousse, elle a fait faire des pas de géant aux idées, cet immense commerce pour lequel il n'existe ni limites, ni frontières, ni douanes. Elle a stimulé les intelligences, créé la rapidité des communications, supprimé presque l'espace, porté des limbes à l'apogée, la géographie, l'astronomie, la géologie, enrichi le domaine de la botanique, en un mot, agrandi le cercle des connaissances humaines.

Ce qui est admirable, c'est que les avantages qu'en retira le vieux monde conquérant ont été partagés par le nouveau monde conquis.

Au moment de sa découverte, l'Amérique en était encore à l'état sauvage.

Mais si depuis moins de quatre siècles les forces vives de l'industrie européenne ont centuplé, et si le progrès intellectuel a marché de pair, l'Amérique a réglé sa marche sur la nôtre, toutes les œuvres de l'esprit humain ont été centralisées deux fois en ces dix dernières années à Londres et à Paris, et ce ne sont pas les Américains qui ont remporté le moins de prix à ce concours général des industries cosmopolites.

Pour en arriver là, que de cruautés commises, que de sang répandu ? s'écriera-t-on. Le bien est inséparable du mal, le progrès a d'impitoyables exigences, il n'est réalisable ni sans efforts ni sans sacrifices (1). Au fond, la somme du bien

(1) Léon Brothier.

l'emporte. Dieu qui nous a donné la vie et le mouvement qui en est la manifestation, sait bien que nous ne pouvons faire un pas sans écraser un insecte ou un brin d'herbe.

Mort d'Isabelle.

Le 26 novembre 1504, Dieu enlève à l'amour
de ses peuples la plus grande reine de l'ère
chrétienne.

Dans les dernières années d'un règne si bien
rempli, Isabelle avait été cruellement éprouvée.
Dieu lui avait repris ses plus dévoués serviteurs,
et à peine la tombe s'était-elle fermée sur don

Juan, son fils, prince des Asturies, qu'elle s'était r'ouverte pour dona Isabelle, sa fille, reine de Portugal. De grandes douleurs physiques développées par la mélancolie que ces morts nourrissaient dans son cœur, la conduisirent lentement au tombeau. Durant cinq mois, toutes villes, les villages, les cathédrales, les monastères retentirent des prières publiques ; beaucoup faisaient vœu de s'astreindre aux plus dures pénitences si la reine revenait à la santé. La foule entourait le palais, se communiquait avec sanglots le bulletin de la maladie et se refusait à croire que Dieu voudrait rappeler à lui, avant l'heure, cette âme grande et pure qui faisait un si noble usage de la vie (1). Mais Isabelle voyait venir sans crainte l'instant où elle allait rendre ses comptes au

(1) « Il semblait que chacun allait perdre son parent le plus proche et le plus aimé. » (Ferreras.)

Créateur, elle ne s'illusionna pas sur le degré de gravité de son mal ; elle ordonna à ses sujets de prier non pour la guérison de son corps, mais pour le salut de son âme.

Elle institua par son testament, Jeanne, sa fille et femme de Philippe d'Autriche , son héritière, laissant l'administration aux mains expérimentées de Ferdinand, jusqu'à ce que son gendre fût arrivé en Espagne, ou, si ce dernier venait à mourir (1), que Charles, son petit-fils, eût atteint sa vingtième année.

Prête à comparaître au tribunal de Dieu, elle fit sévèrement son examen de conscience et put égrener sans remords le chapelet de ses actes de reine, relire sans rougeur les feuillets du livre de sa vie intime. Elle ne regretta et ne rétracta que

(1) Et cette prévision se réalisa.

quelques donations qu'on lui avait extorquées au commencement de son règne.

Jusqu'au dernier moment et de son lit de douleur, elle gouverna l'Espagne, et mourut pleine de résignation aux volontés de Dieu, lui demandant d'étendre toujours une main protectrice sur la tête de ce peuple qu'elle avait tant aimé.

La veille de sa mort elle supplia Ferdinand de ne point se remarier. Elle avait été reine toute sa vie, il lui était bien permis d'être femme un jour et de se montrer jalouse de l'affection de son mari comme elle s'était montrée jalouse de l'affection de son peuple (1).

(1) Ferdinand était jeune encore, une seconde union pouvait lui donner un héritier, dont la naissance eût disjoint les couronnes d'Aragon et de Castille et morcelé la monarchie. Puis, rien n'eût été plus difficile, que le partage des acquisitions territoriales, faites conjointement par Ferdinand et Isabelle.

Ses dépouilles mortelles, transportées à Grenade, furent inhumées dans l'Alhambra, au milieu des mosquées qu'elle avait changées en églises, à l'ombre de la croix qu'elle avait substituée au croissant.

Politique d'Isabelle.

En racontant ce glorieux règne nous avons souvent enregistré, purement et simplement, des faits dont l'importance réclamerait un examen approfondi. Cependant, nous ne les rappellerons encore ici que pour former le faisceau complet des actes d'Isabelle.

On a souvent tenté d'établir un parallèle entre

la grande reine catholique et les autres souve-
raines dont le nom traversera les siècles avec
éclat ; l'avantage est toujours resté à Isabelle qui
réunit à l'esprit religieux le courage et l'habileté
dans l'administration des États.

Dans les pages de l'histoire des reines qui lui
furent comparées, on signalera toujours ou des
défaillances ou des actes qui, pour avoir été
dictés par les besoins de la politique, n'en sont
pas moins, au code de la morale, inscrits au
chapitre des injustices ou des crimes.

Rien de semblable dans ce monument impé-
rissable de gloire élevé par Isabelle dans les
annales de la péninsule ; point de tache à son
auréole, pas une protestation contre sa mé-
moire.

Contestera-t-on l'illégalité de l'emprunt fait
par Isabelle au commencement de son règne,

aux trésors des églises? mais lorsque son armée, à peine organisée, subit dès l'abord plusieurs échecs contre les troupes d'Alphonse de Portu-gal, n'est-ce point les cortès de Medina del Campo qui conseillent cette mesure énergique? ne voit-on pas Isabelle s'en défendre? n'est-ce pas le clergé qui lui-même combat ce scrupule, et cet emprunt n'est-il point religieusement racheté quelques années après?

Considérera-t-on comme une banqueroute le retrait de pensions inconsidérément octroyées par ses prédécesseurs à de puissants factieux ou à des courtisans inutiles, libéralités gratuites faites avec le patrimoine de la couronne?

Mais ces pensions qui épuisaient la nation et paralysaient l'essor de la monarchie, ne furent-elles pas révoquées par les cortès de Tolède, sous l'inspiration du haut clergé, à l'instigation des principaux seigneurs? D'ailleurs , comprit-on dans l'élimination ceux qui avaient rendu d'incontestables services?

Reprochera-ton à la grande catholique l'organisation des tribunaux inquisitionnaires? Qui donc viendra prétendre que leur institution ne fut pas un auxiliaire indispensable à son autoritée sapée incessamment dans sa base? l'Espagne n'était-elle pas un foyer de révoltes et de déprédations? les règnes précédents étaient-ils autre chose qu'une orgie de scandales et de débauches? le roi Henri n'avait il pas cru voir inscrit, aux murs de son palais, le *Manè, Thécel, Pharès* précurseur de l'anéantissement?

L'esprit de justice, le désir ardent du rétablissement de l'ordre et des lois firent seuls sanctionner par la reine l'introduction de l'inquisition en Espagne.

Isabelle prit, à son avénement, la Castille misérable et sans honneur, elle la laissa heureuse, agrandie, respectée. Elle éclaira de sa sagesse la codification des lois ; et, c'est là, avec sa piété pour les misères, un des plus beaux épis de sa moisson de gloire.

Dès 1480, la refonte des lois avait été accomplie, les ordonnances royales avaient été substituées aux Fueros, codes de lacunes et de barbarie. Dès la même année, il n'était plus question de ces cent vingt seigneurs qui, sous Henri, battaient monnaie, ni de ces trois cents autres qui altéraient la monnaie frappée.

Par de sages dispositions, Isabelle avait réveillé le commerce de sa torpeur. Les anciennes voies de communications, effondrées, furent réparées, de nouvelles furent créées, des canaux creusés; les villes s'embellirent et se sanifièrent ; la marine marchande fut encouragée ; les municipalités eurent des administrateurs intègres ; des écoles furent ouvertes ; la sécurité individuelle fut protégée par l'État, la propriété devint sacrée.

Isabelle avait reçu le royaume de Castille désorganisé, disloqué, attaqué sur toutes les frontières, dévoré par les dissensions intestines ; elle léguait à ses héritiers une monarchie bien assise et comprenant en dehors d'immenses possessions dans le Nouveau-Monde, l'Aragon et ses provinces de Biscaye, de Catalogne, de Valence, de Murcie, la Sardaigne, la Sicile, les îles Baléares, le royaume de Grenade, le Roussillon, acquis en 1493, et la Calabre et la Pouille dans le royaume de Naples, dont, en 1505, le traité de Blois assurera à Ferdinand la jouissance entière.

Nulle royauté ne fut plus glorieuse, plus utile. Celle-ci fut le principe d'ordre, de défense terr-i toriale, le symbole de la nationalité.

Isabelle connut les besoins de son peuple et sut les satisfaire; les Espagnols prononcent son nom, encore aujourd'hui, comme celui d'une mère et d'une sainte.

Elle croyait que l'origine de la royauté est dans la famille, elle régna sur ses peuples comme un père règne sur les générations assemblées autour du foyer (1).

A la fermeté elle alliait l'indulgence, et rien ne révèle mieux ce grand cœur que ces paroles qu'elle adressa un jour à Ferdinand : « Quand les gens se donnent à vous pour bons et loyaux, il faut les croire, ou du moins il faut agir avec

(1) De Bonald.

eux comme s'ils étaient tels, et les forcer à le devenir s'ils ne le sont point. »

Admirable pensée que l'empereur Napoléon condensait trois cents ans après dans cette phrase : « Sans indulgence il est impossible de juger les hommes et surtout de les gouverner. »

L'adulation n'avait pas ses grandes entrées à la cour d'Isabelle , elle répétait souvent cette maxime de Caton :

Cum te aliquis laudat, judex tuus esse memento.

« Être aimée, disait-elle encore, n'est-ce pas recevoir le plus vrai et le plus grand de tous les éloges. »

Isabelle couvrit l'Espagne des monuments de sa piété ; elle consacra à l'érection de plus cent églises ou couvents, l'argent qu'elle n'attribua pas au rachat des captifs.

Les fondations de ce genre ont été trop long-temps l'objet des attaques les plus furieuses des encyclopédistes, pour que nous n'indiquions pas, en dehors de sa piété profonde, les raisons qui guidèrent Isabelle dans cette constitution de communautés monastiques.

A ses yeux, et elle ne se trompait point, les couvents seuls renfermaient des germes de réorganisation sociale.

Si jadis les monastères avaient donné au monde usé par l'esclavage le premier exemple du travail accompli par les mains libres (1), les couvents de Castille n'étaient pas non plus du temps d'Isabelle un lieu de refuge pour l'oisiveté.

(1) Michelet.

En Castille, les moines qui ne défrichaient pas les terres défrichaient l'intelligence du peuple.

Asiles de charité, oasis de la civilisation, les couvents étaient peuplés de moines travailleurs, pauvres comme les plus pauvres d'entre les gens du peuple, et n'ayant sur ceux-ci que la supériorité de la science et du dévouement.

Leur frugalité prélevait encore sur leur table la part du pèlerin, de l'orphelin et du vieillard. Mêlés au peuple, ils riaient de ses joies, pleuraient de ses douleurs, veillaient les malades dont les maux répugnaient à voir au point d'éloigner les parents même, et lavaient leurs plaies avec cette charité ineffable dont, selon l'aveu de Voltaire, n'ont jamais approché les ministres des peuples séparés de la communion romaine.

Que quelques couvents soient plus tard devenus là, comme dans d'autres contrées de l'Europe (1), des asiles de bien-être et de mollesse, nous ne chercherons pas à le nier, mais c'est une singulière médication, selon nous, que celle qui consiste à traiter un corps pour quelques tumeurs aux extrémités comme on traite l'homme atteint d'une hydrophobie arrivée à sa phase su-prême.

Les révolutions ont semé le sel sur les lieux où s'élevaient les couvents, elles ont persécuté et dispersé les religieux ; et des monastères laissés debout on a fait des prisons.

Là, où s'élevaient des chants de glorification vers Dieu, s'élèvent des chœurs de blasphème ; là, sont enfermés des malheureux, coupables d'avoir mendié ou dérobé le morceau de pain que le prieur leur faisait distribuer autrefois.

(1) *Encycl. mod.*

10

Là, jadis, les imaginations malades venaient chercher le calme et l'oubli des douleurs, et rentraient dans la société pleines de forces pour les luttes de la vie; aujourd'hui, ceux qui en franchissent les portes y développent la gangrène qui corrompt déjà leur cœur, en sortent sans repentir, flétris, marqués comme de la tache de Caïn, avec la conviction que la fatalité leur assigne pour but final ou le bagne ou l'échafaud.

Coup d'œil sur le présent.

Isabelle morte, Ferdinand continue l'œuvre
commune ; à la fin de 1504, c'est la Navarre
qu'il réunit à la couronne ; en 1510, c'est la province d'Oran et la plage d'Afrique, où depuis
quelque temps il possède déjà Mers-el-Kebir ;
c'est enfin le royaume de Naples, dont l'inves-

titure lui est donnée le 7 juillet de la même année par le Saint-Siége.

Il meurt en 1515, emportant la réputation du plus grand politique d'un siècle où vécut Louis XI, réputation que lui ont valu ses relations diplomatiques avec les papes, les rois de France, de Portugal, d'Angleterre et les princes d'Italie.

Ferdinand s'était remarié à Germaine de Foix, cette union fut toute politique ; Germaine n'occupa pas la place qu'avait tenue la reine Isabelle dans le cœur du roi, et sa stérilité fit que l'unité de la monarchie ne fut pas remise en question.

Les rois catholiques ont préparé cette formidable monarchie qui menaça d'englober l'Europe, préparé la conquête du Milanais et des Pays-Bas par Charles-Quint, l'acquisition des

Philippines et du Portugal par Philippe II, et enfin le gain des batailles de Pavie, de Saint-Quentin, de Lépante.

Comment cette prospérité sans exemple disparut-elle presque tout à coup? Comment, avant qu'un siècle se fût écoulé, l'Espagne était-elle entraînée sur la pente d'une décadence rapide? L'explication en sera pour nous l'objet d'un travail spécial, et nous constaterons seulement ici qu'après plus d'un autre siècle d'épreuves, après une guerre terrible pour la défense de son indépendance, guerre à laquelle succédèrent les luttes intestines, l'Espagne est glorieusement rentrée dans la voie de régénération.

Grâce à Isabelle II, l'Espagne compte au congrès des grandes puissances de l'Europe. Les expéditions de Cochinchine et du Maroc attestent

son réveil ; ses ressources sont immenses ; **son
armée est belle** ; sa dette publique est presque
nulle ; avec l'extension apportée à sa marine, les
encouragements **prodigués** à son industrie, avec
les réseaux de chemins de fer qui vont la sillon-
ner du nord au midi, comme de l'est à l'ouest, et
qui décuplent la valeur des propriétés et celle
des productions, l'Espagne voit s'ouvrir une ère
de prospérité nouvelle (1).

La reine Isabelle II a entre les mains le plus
précieux capital : la confiance de son peuple, à
qui elle a su accorder des réformes avant qu'il
songeât à les réclamer ; elle se voit entourée de
l'amour profond dont les Castillans entouraient
Isabelle la Catholique, qu'elle rappelle.

Lorsqu'un insensé, oubliant les malheurs des

(1) A. de Grandeffe.

jours troublés que vient de traverser sa patrie, lève l'étendard de la révolte, au profit d'ambitions sacriléges, le mépris public en fait justice, et le télégraphe apporte à la reine de tous les coins du royaume l'expression d'un dévouement unanime.

Et chaque puissance de l'Europe applaudit aux efforts de cette reine aimée, à la régénération de ce peuple patriote, la France surtout qui, pour lui accorder ses sympathies, n'a pas attendu que des liens de famille vinssent unir son souverain à cette généreuse nation.

Nous savons que, lorsque l'Empereur Napoléon III renouvelait aux champs italiens les prodiges du premier Empire, chaque cri de victoire poussé à Montebello, à Magenta, à Solferino trouvait un écho dans l'âme des braves Espagnols. Ah ! ceux-ci peuvent croire, à leur tour, que nos cœurs ont tressailli de joie, lorsque le canon de San-Blas a annoncé à la capitale des Espagnes la reddition de Tétouan.

FIN.

TABLE

—

Sceaux. — Typographie E. Dépée.

LA COCHINCHINE

DEPUIS 1775

Par A^{te} CARON et L. A. SORLIN

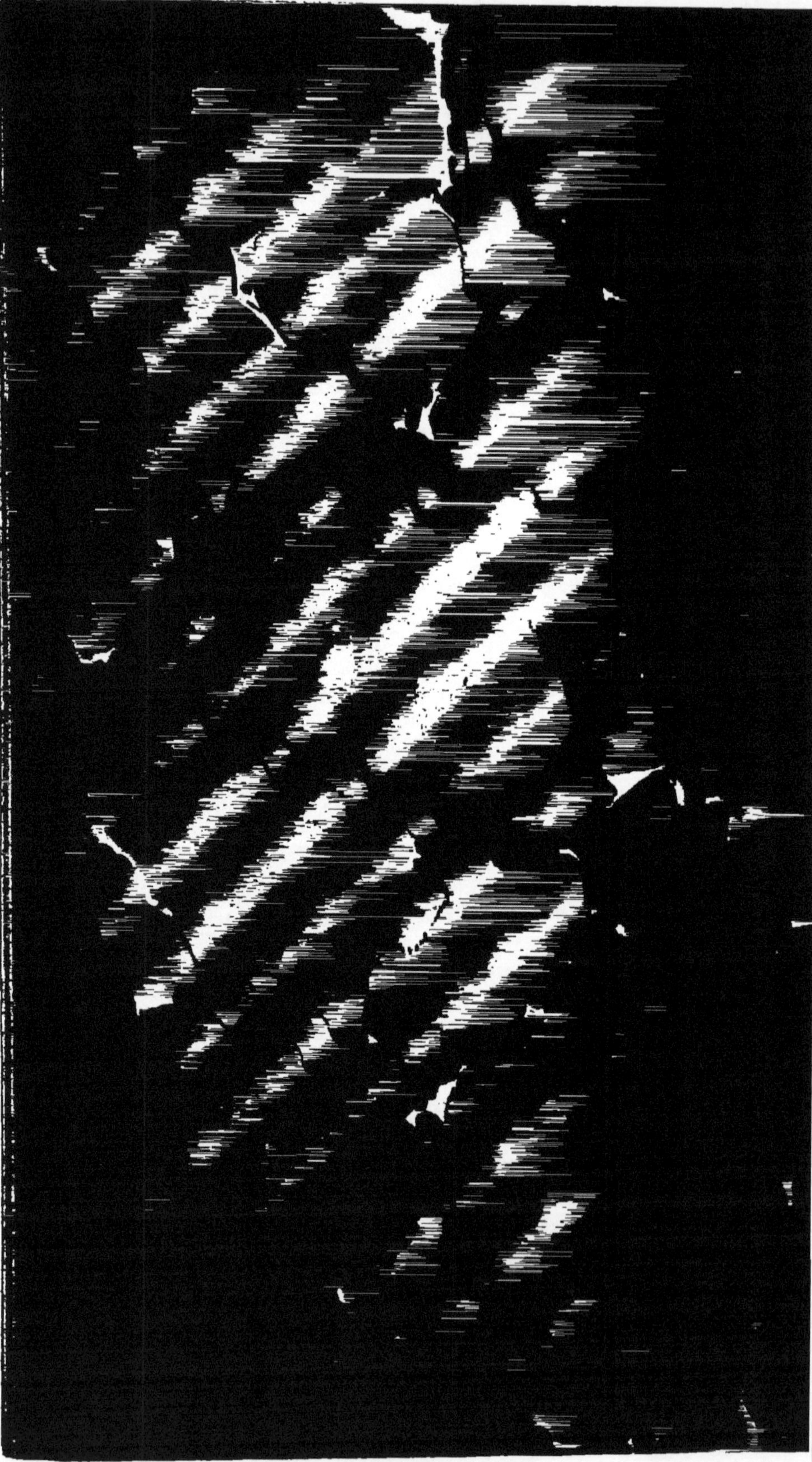

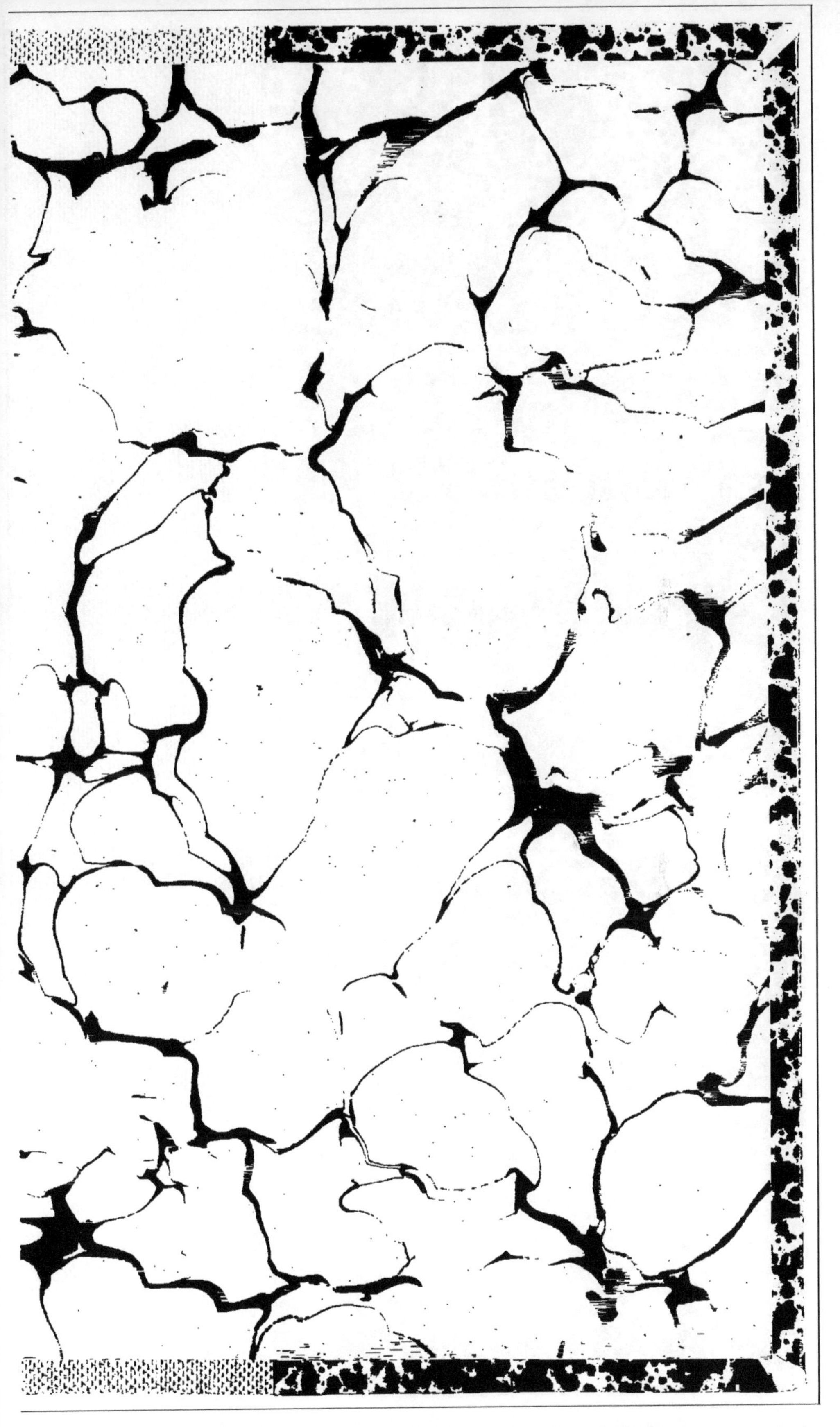